Aggressiv Flirten –
Frauen ansprechen, begeistern und verführen

Michael Wiesner

Aggressiv Flirten -
Frauen ansprechen, begeistern und verführen

Kretschmann Mediamarketing

Presse- und Marketinganfragen senden Sie bitte per E-Mail an:
info@aggressiv-flirten.de

Die Schreibweise entspricht den Regeln der neuen Rechtschreibung.

Korrektorat: Ute Wendt

Zur Herstellung wird nur säure-, holz- und chlorfreies Papier verwendet.
Alterungsbeständig nach DIN-ISO 9706.

Printed in Germany.

ISBN 3-9809567-0-9
Herstellung: Books on Demand GmbH, Norderstedt

Wichtiger Hinweis:
Alle in diesem Werk veröffentlichten Ratschläge und Verfahren wurden mit größter Sorgfalt von Verfasser und Verlag erarbeitet und geprüft. Trotzdem sind Fehler nicht ganz auszuschließen. Der Verlag und der Autor sehen sich deshalb gezwungen, darauf hinzuweisen, dass sie weder eine Garantie noch die juristische Verantwortung oder irgendeine Haftung für Folgen, die auf fehlerhafte Angaben zurückgehen, übernehmen können.
Für die Mitteilung eventueller Fehler sind Verlag und Autor jederzeit dankbar. Gleiches gilt für Anregungen, Verbesserungsvorschläge, Erfahrungsberichte usw.
Mitteilungen senden Sie bitte per E-Mail an:
info@aggressiv-flirten.de

Alle in diesem Werk angegebenen Beispiele für Unternehmen, Organisationen, Produkte, Personen und Veranstaltungen sind frei erfunden. Übereinstimmungen mit tatsächlichen Unternehmen, Organisationen, Produkten und Personen oder Veranstaltungen sind rein zufällig und nicht beabsichtigt.

Inhalt

Vorwort

Geht es um das Thema Sex, sind wir Männer beachtlich gut bewandert. Damit wir diese Kenntnisse auch anwenden können, gilt es zunächst die Auserwählte davon zu überzeugen, dass ausgerechnet wir der geeignetste Kandidat für die sexuelle Vereinigung sind. Notwendiges Mittel zur Überzeugung ist ein gekonnter Flirt. Doch genau beim Thema Flirt fehlt es an ausreichenden Kenntnissen. Die Unterhaltung stockt und holpert, irgendwie will es nicht klappen mit der Public Relation für die eigene Person. Oder, der Super-GAU, man traut sich erst gar nicht die Auserwählte anzusprechen. Mögliche Chancen bleiben wiederholt ungenutzt. Dabei sind die Schritte, die wir bei einem Flirt durchlaufen, stets identisch. Mit entsprechender Vorbereitung ist es möglich, jede erdenkliche Flirtsituation, vom Ansprechen bis zur sexuellen Vereinigung, zu meistern. Das zu erreichen ist die Zielsetzung des vorliegenden Buches.

Schritt für Schritt werden nachfolgend die einzelnen Flirtphasen systematisch erläutert. Diese Vorgehensweise ist notwendig, um überhaupt verstehen zu können, wie ein Flirt funktioniert und welche Phasen wann und wie durchlaufen werden müssen. Neueste wissenschaftliche Erkenntnisse wurden hierzu gesichtet und eingearbeitet. Gleichwohl ist diese Darstellung in erster Linie als Trainingsbuch für die Praxis konzipiert. Statt Sie mit lebensfremden Theorien und abgehobenem Psychologengeschwätz zu langweilen, stehen konkrete Beispiele, Tipps und Handlungsanweisungen im Vordergrund.

„Aggressiv“ zu flirten beschreibt die Fähigkeit, in jeder Phase der Partnerwerbung selbst initiativ zu werden und die Zügel in der Hand zu halten. Unabhängig von der konkreten Situation sind Sie in der Lage, angriffslustig auf das Objekt Ihrer Begierde zuzusteuern und einzuwirken.

Die Kunst, einen Flirt erfolgreich zu beginnen und zu Ende zu führen, ist somit keine angeborene Begabung, die nur wenigen notorischen Charmeuren vorbehalten ist. Vielmehr geht es um das Beherrschen von bestimmten Verhaltensweisen, die jeder erlernen und sich aneignen kann. Genau diese Fähigkeiten werden nachfolgend vermittelt.

Betrachten Sie mich als Ihren persönlichen Tutor und Trainer. In dieser Funktion erlaube ich mir, Sie nachfolgend zu duzen.

Viel Erfolg beim Lernen, Ausprobieren und Genießen der Erfolge!

Einleitung

Sprichst du eine Frau an, löst du mit deinem Verhalten bei ihr eine Reaktion aus.
Präziser formuliert ist ihr Verhalten von deinem abhängig.
Für sich gesehen beschreibt ein solches Verhalten lediglich den Ablauf eines normalen Dialoges, unabhängig ob man sich in einer Flirt- oder sonstigen Situation befindet: Ein Gesprächspartner variiert sein Verhalten stets in Abhängigkeit von der Person, die den Dialog eröffnet beziehungsweise lenkt.

Nehmen wir beispielsweise an, du wirst auf offener Straße von einer dir unbekannten Person angesprochen, die dich nach der Uhrzeit fragt. Das Verhalten der Person (Frage nach der Uhrzeit) löst bei dir eine Reaktion aus (Auskunft, wie spät es ist). Du hast etwas getan, was du ohne Einwirkung der unbekannten Person nicht gemacht hättest. Deine Reaktion lässt sich sogar ziemlich genau vorhersagen. Nur aus wenigen Gründen wirst du die gewünschte Auskunft nicht geben, entweder weil du es nicht kannst (du hast keine Uhr bei dir) oder weil du es nicht willst (du wirst dreist mit „Ey, Alter“ angequatscht). Dein Gegenüber hat dich mit dem Instrument der Frage beeinflusst, um sein Ziel zu erreichen.

Es gibt also Verhaltensweisen, die, wenn man sie korrekt anwendet, eine ziemlich genaue Prognose erlauben, wie der Kommunikationspartner wahrscheinlich reagiert. Unser Augenmerk wird natürlich auf das Verhalten bei einem Flirt mit dem weiblichen Geschlecht liegen. Dazu sogleich mehr.

Das Problem

Das Verhalten der allermeisten Männer in einer Flirtsituation lässt sich vor allem als unsicher und unbeholfen charakterisieren. Mangelnde Vorbereitung führt dazu, dass im Falle eines Falles aus dem Bauch heraus improvisiert werden muss, sofern der eigene Mut hierzu überhaupt ausreicht. Enttäuschende und manchmal auch peinliche Situationen sind vorprogrammiert. Das Selbstbewusstsein leidet, die Lust am Flirten geht verloren. Vor lauter Angst einen Korb zu kassieren traut man sich schließlich gar nicht mehr zu flirten.

Doch aus Fehlern lässt sich bekanntlich am einfachsten lernen. Vergegenwärtigen wir uns deshalb zunächst einige typische Fehlschläge, um ein Gefühl dafür zu entwickeln, welche Fettnäpfchen bei der Kontaktaufnahme auf uns lauern.

Ein Beispiel:

Samstagabend in irgendeiner Diskothek. Mit einem Bierglas in der Hand stehst du am Rand der Tanzfläche. Plötzlich trifft sich dein Blick mit dem eines attraktiven Mädchens. Wie vom Blitz getroffen weichst du ihrem Blick erst mal aus. Als du erneut zu ihr rüberschaust, lächelt sie dich überraschend an. Keine Frage, du musst sie anbaggern! Da du dich zum jetzigen Zeitpunkt noch nicht so recht traust sie anzusprechen, beschließt du, dich zunächst dezent in ihrer Nähe aufzuhalten und dir einen geeigneten Spruch für die Anmache zu überlegen. Einige Zeit vergeht, in der du ihr wie ein Clown hinterherläufst. Schließlich wird sie von einem anderen Typen angequatscht. Später musst du mit ansehen, wie sie mit diesem Platzhirsch rummacht. Aus Frust über deine eigene Feigheit verbringst du den Rest des Abends allein an der Bar und betrinkst dich sinnlos.

Szenenwechsel:

Du bist unterwegs im Zug. Gegenüber von dir nimmt ein verdammt hübsches Mädchen Platz. Verstohlen gierst du sie an und überlegst, wie du sie am besten ansprechen kannst. Eineinhalb Stunden vergehen. Nichts Geeignetes will dir einfallen. Selbst als sie beim Gang zur Toilette über dein Gepäck stolpert, nutzt du die Chance nicht, um sie in ein Gespräch zu verwickeln.

Schließlich steigt sie am nächsten Bahnhof aus. Noch Wochen später musst du an sie denken. Du könntest dich selbst ohrfeigen für deine mangelnde Kreativität.

Szenenwechsel:
Im Supermarkt bemerkst du eine supersüße Blondine, die du am liebsten sofort mit nach Hause nehmen würdest. Zunächst traust du dich nicht, sie anzusprechen. Als du in der Schlange vor der Kasse wartest, drehst du dich zufällig um. Als du bemerkst, dass sich direkt hinter dir tatsächlich dein Blondinchen eingereiht hat, fasst du deinen gesamten Mut zusammen und sprichst sie sofort mit einem, wie du findest, passenden Spruch an: „Bei deinem Gesicht drehen sich sicher einige Köpfe nach dir um!“ Dass blond nicht gleich blöd bedeutet, schließt du aus ihrem Konter: „Und bei deinem Gesicht drehen sich sicher einige Mägen um!“ Am liebsten würdest du sofort im Erdboden versinken.

Szenenwechsel:
Du hast es auf jemanden aus deinem Bekanntenkreis abgesehen. Ihr habt euch schon mehrfach zu gemeinsamen Unternehmungen verabredet und versteht euch blendend. Allerdings traust du dich nicht, die Situation für einen ersten Kuss auszunutzen. Du erwartest klare Zeichen von ihr, das du sie küssen darfst. Vergeblich. Später erfährst du, dass sie zwischenzeitlich mit deinem besten Freund zusammengekommen ist. Lange Zeit meidest du den Kontakt. Als ihr euch einige Monate zufällig wieder trefft, erzählt sie dir lachend, sie habe damals vergebens auf ein Signal von dir gewartet, dich küssen zu dürfen. Mittlerweile ist sie mit deinem ehemals besten Freund verheiratet. Du könntest heulen über dein mangelndes Feingefühl.

Bei diesen vier beispielhaften Fehlschlägen handelt es sich um alltägliche Flirtsituationen mit jeweils unterschiedlicher Problemstellung. Die Schwierigkeit bei einer solchen Situation liegt darin zu erkennen, *wann*, und zu wissen, *wie* man selbst initiativ werden muss. Glücklicherweise sind die Muster und Abfolgen bei der Kontaktanbahnung mit dem weiblichen Geschlecht stets identisch. Sie lassen sich systematisieren und sind damit relativ einfach durchschaubar.

Die 6 Flirtphasen

Wir unterscheiden insgesamt sechs verschiedene Stufen, die wir bei einem Flirt durchlaufen. Zur ersten Orientierung erfolgt nun zunächst ein Überblick über die einzelnen Flirtphasen:

Flirtphasen		Vorgehensweise
Phase 1	→	Blickkontakt anfordern
Phase 2	→	Ansprechen
Phase 3	→	Gesprächssynchronisation
Phase 4	→	Wiederverabredung
Phase 5	→	Körperliche Annäherung
Phase 6	→	Sexuelle Vereinigung

Diese 6 Phasen stellen die optimale Abfolge beim Flirt zwischen Mann und Frau dar. Sie sind als ein Schema anzusehen, das

nach didaktischen Aspekten speziell für dich entwickelt wurde. Es soll dir als verlässliche Anleitung und Verhaltensratgeber dienen. Der Flirt wird insofern systematisiert und rationalisiert. Hierdurch lernst du die grundsätzliche Methodik eines Flirts kennen. Wir fangen sozusagen bei null an und gehen davon aus, dass du eine dir vollkommen unbekannte Person ansprechen willst. Natürlich lässt sich das Schema auch dann verwenden, wenn du bereits eine bestimmte Phase erreicht hast, beispielsweise weil du die Person schon seit einem längeren Zeitraum kennst.

Benutzt du dieses Schema, sind die dargestellten Phasen zwingend einzuhalten. Eine Flirtphase baut zwingend auf die nächste auf.
Natürlich ist der benötigte *Zeitraum*, um von einer Phase in die nächste zu gelangen, individuell verschieden.
Die *Reihenfolge* der einzelnen Flirtphasen bleibt allerdings stets identisch. Ein Flirt wird im Regelfall also nur dann funktionieren, wenn diese Abfolgen eingehalten werden.

Langsame Annäherung
Frauen haben bei einem Flirt sehr häufig den Eindruck, dass ihnen der Mann zu schnell körperlich zu nahe tritt. Diese Begründung wurde uns sehr häufig von Frauen auf die Frage genannt, warum sie einen Mann abblitzen ließen, und zwar in sämtlichen Flirtphasen. Es kristallisierte sich sehr schnell heraus, dass Männer die Verringerung der körperlichen Distanz regelmäßig zu schnell praktizieren. Frauen reagieren auf diesen für sie unerlaubten Eingriff in ihre Intimsphäre mit Stress und weichen automatisch zurück. Rückt der Mann der Frau allerdings wiederholt zu nah auf die Pelle, beendet sie schließlich die Flirtsituation.

Es ist somit von enormer Wichtigkeit zu wissen, wann du deiner Flirtpartnerin wie nah kommen darfst.

Beim Flirten lassen sich vier Distanzen unterscheiden, in denen Mann und Frau sich aneinander herantasten:

1. Die soziale Distanz

Sprichst du eine Frau an, solltest du einen Abstand von 100 bis 200 Zentimeter wählen. Es ist derselbe Abstand den Menschen wählen, die in sozialen Funktionen miteinander kommunizieren (z. B. Chef und Mitarbeiter, Käufer und Verkäuferin).

2. Die persönliche Distanz

Bei gegenseitiger Sympathie wird die Entfernung auf bis zu 50 Zentimeter reduziert. Nur Personen, mit denen eine persönliche soziale Verknüpfung besteht, lassen wir außerhalb einer Flirtsituation so nah an uns heran, wie zum Beispiel Freunde oder Verwandte.

3. Die vertrauliche Distanz

Lässt dich ein Mädchen bis zu 15 Zentimeter an sie heran, genießt du bereits ihr uneingeschränktes Vertrauen. Nur Menschen, die wir sexuell begehren, lassen wir normalerweise so nah an uns heran. Lediglich bei unumgänglichen Situationen, wie z. B. dichtem Gedränge oder ärztlichen Untersuchungen, ertragen wir diese ungewollte Nähe.

4. Die intime Distanz

Hier endet das Werbeverhalten zwischen Mann und Frau und mündet in direktem körperlichen Kontakt. Wir spüren, fühlen und schmecken unseren Partner mit großem Vergnügen. Die Überwindung jeglicher Distanz ist die Vorstufe zur sexuellen Vereinigung und gipfelt schließlich in dieser.

Es stellt sich nun die Frage, welche Distanzphase in welche Flirtphase gewählt werden sollte. Der Einfachheit halber nehmen wir die 6 Flirtphasen als Grundlage und ordnen ihnen die Distanzphasen zu. In der nachfolgenden Übersicht ergänzen wir nun das Schema der Flirtphasen mit den Distanzphasen.

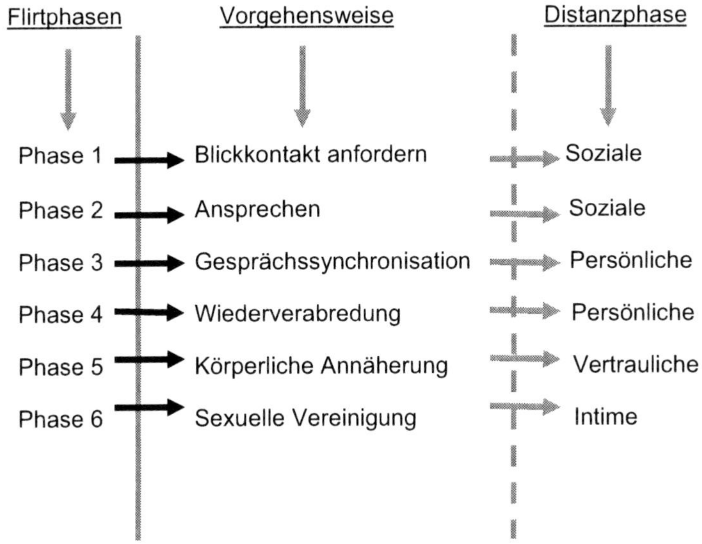

Beachte also, dass Männer der Tendenz nach die Distanzverringerung zu schnell vollziehen. Generell ist festzuhalten, dass Frauen einen längeren Zeitraum benötigen, bis sie körperliche Nähe als angenehm empfinden. Beobachte deshalb insbesondere, ob deine Auserwählte bei deinen Annäherungsversuchen zurückweicht und so versucht, einen gewissen Distanzwert aufrecht zu erhalten. In diesem Fall musst du dich noch ein wenig gedulden. Ignorierst du ihr Zurückweichen und rückst ihr weiter auf die Pelle, provoziert du schließlich eine Stresssituation. Dein unerlaubtes Überschreiten ihrer Tabusphäre ruft letztlich eine Abwehrhaltung hervor. Deine gesamten zuvor getätigten Bemühungen werden vergeblich gewesen sein.
Wir werden später bei der Erläuterung der einzelnen Flirtphasen genauer auf die Distanzphasen eingehen.

Aggressives Flirten

Aggressiv zu flirten bedeutet nun, dass die Flirt-Aktivität zu jedem Zeitpunkt von dir ausgeht: sowohl zeitlich wie auch inhaltlich. Am Anfang des Kapitels habe ich mit einem einfachen Beispiel (Frage nach der Uhrzeit) die starke Wechselwirkung verdeutlicht, wenn zwei Menschen kommunizieren. Ein Gespräch kann stets so aufgebaut werden, dass es eine aktive Person gibt, die das Gespräch lenkt, und eine passive, die sich beeinflussen lässt. Fragst du jemanden nach der Uhrzeit, ist das Ziel, die entsprechende Auskunft zu erhalten, gewöhnlich unproblematisch zu erreichen. Bei einem Flirt ist die Konstellation schwieriger. Um das eigentliche Ziel (sexuelle Vereinigung) zu erreichen, ist es notwendig, verschiedene Zwischenetappen erfolgreich zu durchlaufen. Deine Aufgabe ist es nun, durch dein Verhalten auf das Mädchen insoweit einzuwirken, dass du sie sozusagen von einer Flirtphase in die nächste schubst. Hierzu musst du natürlich wissen, zu welchem Zeitpunkt du was sagen und dich wie verhalten musst. Genau diese Kenntnisse werden nachfolgend vermittelt.

Misserfolge

Um keine Illusionen aufkommen zu lassen: Mit dem hier vermittelten Rüstzeug wirst du tatsächlich die allermeisten Flirtsituationen meistern können. Doch natürlich gibt es keinerlei hundertprozentige Garantie, dass du dir niemals eine gehörige Abfuhr einhandelst. Auch wenn du nach Studium dieser Lektüre einen klaren Wissensvorsprung besitzt, du bestmöglich agierst und reagierst, fällt dein Gegenüber selbständig die Entscheidung, ob es zum wechselseitigen Flirt kommt. Selbstverständlich kannst Du in jeder Flirtphase einen Korb kassieren! Zwei Gründe kann es dafür geben: Entweder möchte dein anvisiertes Schnuckelchen schlichtweg nicht mit dir flirten oder du hast dich nicht optimal verhalten.

Beleuchten wir zunächst die Variante, dass die Frau schlicht und ergreifend nicht will.

Nicht, dass du einen Fehler gemacht hättest. Nach mehrmaligem Studium dieses Buches bist du inzwischen der absolute Flirtprofi. Und auch in diesem Fall machst du alles Erdenkliche richtig: Dein Auftreten wirkt geradezu graziös, und deine Anmache ist gleichsam witzig, charmant und originell.
Und trotzdem wirst du gerade zu diesem Zeitpunkt keine Chance haben, bei ihr zu landen.
Neben den üblichen, nicht nachvollziehbaren, urplötzlich auftretenden weiblichen Stimmungsschwankungen kann es unzählige Gründe und Möglichkeiten geben, warum sie gerade jetzt keinen Bock hat, mit dir zu flirten. Vielleicht ist sie gerade frisch verliebt, hat ihre Tage oder ist schwanger. Erwischt du sie auf dem falschen Fuß, werden deine engagiertesten Versuche zu diesem Zeitpunkt nicht von Erfolg gekrönt sein können. Zur erfolgreichen Kontaktaufnahme deinerseits gehört nun mal ein Gegenpol, der zumindest nicht vollkommen abblockt.

Setze dich deshalb selbst nicht unnötig unter Druck, sondern sieh es als Normalität an, dass du hin und abblitzt. Ein Flirt lässt sich nicht erzwingen! Körbe gehören nun mal zum Flirten wie die Luft zum Atmen. Behalte diese Tatsache immer im Hinterkopf.
Natürlich wird niemand gerne abgewiesen. Machst du dir aber einen zu großen Kopf darüber, dass es nicht geklappt hat, besteht die Gefahr, dass du Angst davor entwickelst, verschmäht zu werden. Angst ist der Flirtkiller Nummer eins.
Eigentlich übernehmen Angstgefühle eine Schutzfunktion. Sie entstehen, wenn man sich bedroht fühlt. Man befürchtet, dass unangenehme Dinge passieren (beim Flirt der Korb) und man nichts dagegen tun kann. Als typische Reaktion versucht man genau diese Situationen zukünftig zu vermeiden. Im Klartext: Vor lauter Angst, eine Abfuhr zu kassieren, flirtet man lieber gar nicht mehr.
Sei dir deshalb darüber bewusst, dass viele deiner Flirtversuche definitiv scheitern werden. Vielleicht wirst du direkt beim ersten Anlauf erfolgreich sein, vielleicht wirst du aber auch zehn oder noch mehr Versuche brauchen. Niemals wird aber jeder Flirt aus

deiner Sicht zufrieden stellend verlaufen. Entscheidend um solche Misserfolge wegstecken zu können, ist somit deine innere Einstellung. Es gibt keinen Grund, jeden Korb als persönliche Niederlage zu betrachten.
Will sie nicht Flirten, wirst du keine Chance haben, sie mit deinen Kenntnissen sanft von einer in die nächste Flirtphase zu stoßen.

Und was ist, wenn du dich nicht optimal verhältst?
Natürlich wirst du dir nicht sämtliche in diesem Buch beschriebenen Verhaltensweisen merken und somit anwenden können. Vielleicht wirst du bei deinen ersten Flirtversuchen Schwierigkeiten haben, die Flirtsituation korrekt zu analysieren, geschweige denn zu kontrollieren, weil du einfach zu aufgeregt bist. Trockenübungen sind aber nur eine Seite der Medaille. Je öfter du tatsächlich flirtest (und vielleicht auch einen Korb kassierst), desto umsichtiger und abgeklärter wirst du reagieren können. Denn auch beim Flirten gilt: Übung macht den Meister!

Fehler können und dürfen passieren. Einmal begangene Fehler sollten sich allerdings nicht wiederholen.
Zumindest am Anfang deiner Flirtkarriere solltest du dir die Mühe machen, den Grund zu analysieren, warum sich dein Gegenüber ablehnend verhalten hat. Wenn es dir hilft, kannst du dir auch ein Flirttagebuch anlegen, in dem du beispielsweise Fehler und Ziele niederschreibst.
Ferner solltest du zur Festigung deines Wissens die in diesem Buch beschriebenen Flirtphasen wiederholt durcharbeiten.

Fazit
Zusammenfassend können wir also Folgendes festhalten:
1. Das Wechselspiel, das bei einer Kontaktanbahnung zwischen Mann und Frau abläuft, ist immer gleich. Das, was bei einem Flirt passiert, ist somit durchschaubar und kann systematisiert werden.

2. Aus Gründen der Übersichtlichkeit unterteilen wir nachfolgend die Kontaktaufnahme in einzelne Abschnitte, nämlich den 6 Flirtphasen. Eine Flirtphase baut zwingend auf die nächste auf. Ein Flirt verläuft regelmäßig nur dann erfolgreich, wenn diese Abfolgen eingehalten werden.

3. Willst du das eigentliche Ziel, die sexuelle Vereinigung, erreichen, müssen die einzelnen Phasen allmählich durchlaufen werden. Frauen benötigen einen längeren Zeitraum als Männer, bis sie körperliche Nähe als angenehm empfinden.

4. Durch die Kenntnis der einzelnen Flirtphasen weißt du, wann du was zu sagen hast. Du bist die Person, die den Flirt lenkt. Du agierst, das Mädchen reagiert lediglich. Das ist mit aggressivem Flirten gemeint.

5. Mit der hier dargestellten Methodik wird dein Kontaktbegehren in den allermeisten Fällen von Erfolg gekrönt sein. Trotzdem solltest du dir darüber im Klaren sein, dass du jederzeit einen Korb kassieren kannst. Analysiere solche Fehlschläge, um mögliche Fehler deinerseits in Zukunft zu unterbinden.

Rahmenbedingungen für den Erstkontakt verbessern

Objektive Schönheit und reine Äußerlichkeiten

Ein Aspekt, weshalb wir manchmal zögern, ein Mädchen anzusprechen, ist die zumindest unterschwellig vorhandene Überzeugung, dass wir für unsere Auserwählte sowieso nicht gut genug aussehen. Potentielle Chancen werden wieder und wieder nicht genutzt, schließlich wird sich eine solche Hammerfrau doch nicht gerade mit einem Typen, der so ausschaut wie ich, abgeben wollen.

Doch stimmen derlei selbst zerfleischende Überlegungen wirklich mit der Realität überein? Ist objektive Schönheit die Grundvoraussetzung, um mit Frauen ins Gespräch kommen zu können? Lasse deine Gedanken für einige Momente schweifen und vergegenwärtige dir die dir bekannten Paarbeziehungen in deinem Freundes- und Bekanntenkreis. Bewerte für dich jeweils die Attraktivität von Mann und Frau innerhalb der Beziehungen. Versuche das Aussehen der Typen unbefangen mit deinem Anblick zu vergleichen. Ist es nicht so, dass du zahlreiche dieser männlichen Vertrauten als abstoßend, vielleicht sogar hässlicher als dich selber beurteilst, sie gleichwohl aber eine überaus attraktive Partnerin haben? Und wenn dein Antlitz besser aussieht, warum schläfst du Nacht für Nacht alleine, während sich diese hässlichen Entchen mit einer zuckersüßen Traumfrau vergnügen? Ein vermeintlich objektiv betörendes Äußeres ist somit nicht die entscheidende Voraussetzung, um eine gleichsam bezaubernde Freundin zu bekommen.

Doch warum ist das eigentlich so? Warum sucht sich eine Frau, die praktisch freie Auswahl hätte, gerade nicht Mr. Perfect?

Der Grund hierfür sind psychische Mechanismen, die der Fortpflanzung dienlich sind.

Sie zu durchschauen hilft Dir zum einen Dich gedanklich zu befreien von Ängsten und Selbstzweifeln, die mit der Kontaktaufnahme zusammenhängen. Ferner eröffnet dir der hierdurch gewonnene Wissensvorsprung die Möglichkeit, Fehlern von vornherein entgegenzuwirken.

Ziel des Sexualtriebes ist die Weitergabe unserer Gene an nachfolgende Generationen. Deswegen veranstalten wir ja überhaupt das ganze Theater, das wir als Flirt verstehen. Schließlich erhoffen wir uns als Folge des Balzens, Sex praktizieren zu können. Der Sexualtrieb besitzt im zeugungsfähigen Alter eine enorme Stärke, da er keine geringere Aufgabe erfüllt, als den Fortbestand der Menschheit zu sichern. Geilen wir uns an einer Frau ab oder bekommt eine Frau einen Orgasmus, ist dieser Trieb mit uns durchgegangen. Dass wir mittlerweile über Möglichkeiten verfügen, die sich daraus ergebenden Folgen durch Verhütungsmaßnahmen zu verhindern, ist dabei irrelevant. Auch die Tatsache, dass wir natürlich in der Lage sind, situationsbedingt unseren Sexualtrieb zu kontrollieren (hoffe ich zumindest).

Grundsätzlich wählen Männer und Frauen Partner, die ein Maximum an Fortpflanzungserfolg versprechen. Die besten Voraussetzungen hierfür bildet die Wahl eines möglichst attraktiven Partners bzw. einer möglichst attraktiven Partnerin.

Allerdings wird Attraktivität im Sinne der Partnerwahl höchst unterschiedlich von Männern und Frauen definiert.

Beginnen wir mit unserem eigenen Geschlecht.
Männer definieren weibliche Attraktivität rein nach äußerlichen Kriterien.
Insbesondere solche Frauen, bei denen wir auf Grund bestimmter Schlüsselreize sexuelle Reife unterstellen, werden als attraktiv empfunden. Die sexuelle Reife einer Frau spiegelt sich insbesondere im Verhältnis des Taillen- zum Hüftumfang wieder. Ursache hierfür ist die ab der Pubertät einsetzende weibliche Östrogen-

produktion. Das weibliche Geschlechtshormon hemmt Fettablagerungen in der Taillenregion, begünstigt aber solche an Gesäß und Oberschenkel. Deswegen fahren wir Männer auch so auf das klassische Schönheitsideal 90-60-90 ab. Es signalisiert uns unbewusst, dass wir mit einer solchen Partnerin voraussichtlich einen guten Fortpflanzungserfolg haben werden.
Der männliche Fortpflanzungserfolg muss nun „lediglich" noch durch den Zeugungsakt sichergestellt werden, und schon ist unser Sexualtrieb im wahrsten Sinne des Wortes befriedigt. Für uns Männer ist die Sache damit erst mal erledigt.

Die Frau selektiert hingegen die Attraktivität des Partners nach anderen Kriterien, da für sie die Fortpflanzung nicht mit dem Sexualakt abgeschlossen ist. Schwangerschaft, Geburt und jahrelange Pflege des Nachwuchses sind die Folge. Der Hintergedanke, dass Kinder eben nicht nur gezeugt, sondern auch großgezogen werden wollen, ist bei Frauen tief verwurzelt. Und genau das ist der Grund, warum für Frauen das Aussehen eines Mannes nur von untergeordneter Bedeutung ist! Unterbewusst sind für Frauen Kriterien wichtiger, die letztendlich mit der Versorgung des Nachwuchses zusammenhängen und nur im Zuge der verbalen Kommunikation selektiert werden können. Und eben diese Merkmale schlagen sich nicht im Aussehen wieder.

Während Männer auf das Aussehen der Frau fixiert sind, stehen bei Frauen vielmehr persönliche Eigenschaften des Mannes im Vordergrund. Für eine Frau ist ein Mann also um so attraktiver, je begehrter er aufgrund gewisser Eigenschaften ist. Wir werden uns später damit beschäftigen, um welche Merkmale es sich handelt und wie wir damit einhergehende weibliche Bedürfnisse durch unser Verhalten gezielt abdecken können.
Verinnerliche aber die Essenz aus diesen Ausführungen: Auch wenn du von deinem Aussehen nicht restlos überzeugt bist, traue dich attraktive Frauen aggressiv anzusprechen. Geh offen zu auf das Objekt deiner Begierde!

Schaffst Du es mit deiner Auserkorenen ins Gespräch zu kommen und dich so darzustellen, dass sie dich attraktiv findet, wird aus euch ein Paar, während Mr. and Mrs. Perfect stumm aneinander vorbeigehen und den Abend allein verbringen.

Ob ein Flirt zustande kommt, ist also keinesfalls nur von deinem Aussehen, sondern vor allem von deinem Verhalten abhängig! Schüchternheit und fehlender Mut sind das eigentliche Problem, nicht ein makelloser Körper!

Eine Frau wird den Erstkontakt so gut wie nie auf Grund deines Aussehens verweigern. Und wenn du mit einer Frau erst einmal ins Gespräch gekommen bist, hast du auch die Möglichkeit, sie von deiner Person zu überzeugen. Die Frau wird die positiven Assoziationen deiner Person betreffend schließlich auch auf dein Äußeres übertragen, dich insgesamt im oben genannten Sinne attraktiv finden.

Strikt zu trennen von objektiver Schönheit sind allerdings die reinen Äußerlichkeiten.

Die erste Klassifizierung einer Person erfolgt, wenn möglich, über einen kurzen Blick. Zunächst gilt es somit die erste Selektion der Frau, das „Test-Screening", zu überstehen.
Schließlich ist dein Erscheinungsbild zunächst die einzige Informationsquelle, anhand derer sie dich überhaupt einordnen kann. Hierbei geht es darum, der Frau mit Hilfe optischer Signale zu vermitteln, dass Du im Grunde genommen völlig harmlos bist. Löst Dein Erscheinungsbild im Unterbewusstsein der Frau starke negative Emotionen aus (z. B. Ekel, weil Du ungepflegt bist, oder Spott, weil Du wie ein Clown angezogen bist), störst Du ihr psychisches Gleichgewicht und sie wird eine Abwehrhaltung einnehmen. Extreme sowohl bei der Verpackung (Kleider) wie auch beim Inhalt (Körper) rufen somit eine Abwehrhaltung bei deiner Aspirantin hervor.

Ebenso verheerend wirkt es sich aus, wenn du mit der Art und Weise, wie du auftrittst, (ungewollt) signalisierst, dass du kein Interesse an einem Flirt hast.
Grobe Fehler müssen an dieser Stelle unbedingt vermieden werden, um nicht vorweg den ersten kommunikativen Austausch zu verhindern oder aber im Keim zu ersticken.
Ausgangspunkt unserer Überlegungen ist deshalb folgende Fragestellung: Wie kann ich die Rahmenbedingung für den Erstkontakt verbessern, um einen positiven Eindruck beim weiblichen Gegenüber hervorzurufen?

Kleidung und Körper
Als beeinflussbare Rahmenbedingungen sind zuallererst Kleidung und Körperbau zu nennen.
Optimieren wir also nun die Grundlage für das Zusammenkommen eines Flirts!

Beginnen wir mit deiner Garderobe.
Bekleidung ist ein essentieller Teil unserer Selbstdarstellung. Gleichzeitig bietet sie exzellente Möglichkeiten, das äußere Erscheinungsbild zu manipulieren. Mängel können beseitigt, positive Attribute unterstrichen werden.
Die Relevanz dieser Erkenntnis lässt sich sehr einfach vergegenwärtigen: Stelle dir deine persönliche Traumfrau vor und „verpacke“ sie folgendermaßen: wahlweise mit einem bauchfreien Top kombiniert mit einer knallengen Jeans, in der ihre Pobacken so aufreizend abgemalt werden, dass du dich gar nicht entscheiden kannst, ob du zuerst ihre Schokoladenseite oder ihr Bauchnabelpiercing liebkosen willst. Oder mit einem ausgeleierten, viel zu weiten Trainingsanzug, den du erst kürzlich bei dem Genesungsbesuch bei deiner Tante bewundern konntest, als sie sich gerade von dieser fiesen Bandscheibenoperation erholte. Wenn du nicht gerade etwas „extrem“ veranlagt bist, sollte dir nun die potentielle Wirkung der Bekleidung klar sein.
Frauen sind sich bewusst, nach welchen Kriterien Männer weibliche Attraktivität selektieren (siehe oben), und heben entspre-

chende Attribute gezielt hervor beziehungsweise kaschieren Defizite. Hierin sind sie wahrlich meisterhaft. Von ihnen zu lernen heißt von den Besten zu lernen. Doch viele Männer unterschätzen dieses Instrument und vernachlässigen ihre Garderobe.

Hierbei geht es nicht darum, sich zur Schwuchtel zu machen und jedem Modetrend hinterherzurennen. Vielmehr geht es darum, modische Torheiten zu vermeiden.
Starrt eine Frau wie elektrisiert auf deine ausgelatschten Lieblingssandalen, die du geschickt mit deinen von Lochfraß befallenen weißen Tennissocken kombiniert hast, wird deine tollste Anmache verpuffen.
Überdenke kritisch deinen Kleidungsstil. Kommst du zu dem Ergebnis, dass du in modischen Fragen überhaupt kein Händchen hast, hole dir externen Rat. Gehe gemeinsam mit jemanden aus deinem Bekanntenkreis oder deiner Verwandtschaft shoppen, von dem du der Meinung bist, dass er selbst stilsicher ist. Notfalls lasse dich in einem Fachgeschäft professionell beraten. Generell lohnenswert ist es in diesem Zusammenhang, sich einmal die eine oder andere Printwerbung zu Gemüte zu führen, in der speziell Produkte für Frauen beworben werden. Natürlich soll Werbung verkaufsfördernd wirken. Das hierbei dargestellte Image ist das Ergebnis umfangreicher Marktforschung und wurde von vielen Probandinnen vor der Freigabe der Kampagne getestet. Das Test-Screening der Betrachterin soll auf keinen Fall eine Abwehrhaltung hervorrufen.
Wie gesagt, es geht darum, modische Torheiten zu vermeiden, nicht darum sich zu verkleiden. Jemand, der sein halbes Leben im Blaumann verbracht hat und sich selbst zur goldenen Hochzeit der Großeltern weigerte, eine Krawatte zu tragen, wird sich nicht nur in jedem noch so tollen Designeranzug eingeengt und unwohl fühlen, sondern sein gesamtes Erscheinungsbild wird inkonsistent wirken. Ebenso wird sich der geborene Businessman, der gewöhnlich sogar beim Brötchenholen zu Schlips und Jackett greift, ohne diese Utensilien nackt und hilflos fühlen. Die Kleidung muss mit dem Wesensbild korrespondieren, also typgerecht sein.

Kleidung sollte ferner eingesetzt werden, um gezielt eventuell vorhandene Missstände bei den körperlichen Proportionen auszugleichen. Gleichzeitig sollte die Konfektion deine Figur unterstützen. Zu große oder zu kleine Kleidung wirkt ebenso grotesk wie zu eng oder zu weit gewählte Größen.

Bekleidung kann zwar vorhandene Tendenzen verstärken oder abmildern, aber keine physischen Gegebenheiten umkehren.
Da musst du schon selbst in anderer Art und Weise tätig werden!
Doch welcher Körperbau und -umfang unterstützt dein Flirtbegehren? Woran kannst du dich orientieren, wenn du in diesem Bereich etwas ändern möchtest?
Grundsätzlich lassen sich zwei verschiedene Typisierungen unterscheiden, die jeweils ein gegensätzliches Paar bilden: dick oder dünn und muskulös oder schmächtig.
Wenn wir kurz über die einzelnen Typisierungen nachdenken, werden uns eine ganze Reihe von fast ausschließlich negativen Assoziationen und Vorurteilen einfallen. Und schlimmer noch, eine ganze Reihe von Synonymen mit beleidigendem Charakter.
In all diesen Extremen liegt folglich nicht der bestmögliche Ausgangspunkt, das Test-Screening einer Frau zu bestehen.
Greifen wir stattdessen auf die oben entwickelten Erkenntnisse zum Thema spielerisches Flirten in der Werbung durch Sex-Appeal zurück. Hast du schon einmal in einer Werbung für Frauenparfüm muskelbepackte Superhelden aus irgendwelchen Action- oder Kriegsfilmen gesehen? Nein, denn der darin verkörperte Typus zielt auf männliche Konsumenten ab.
Versuche dich auch hier in die weiblichen Denkstrukturen hineinzuversetzen. Aus eigenem Antrieb heraus würden die meisten Frauen gar nicht auf Filme dieser Kategorien zurückgreifen. Vielmehr würden sie beispielsweise eine romantische Komödie oder gleich einen Liebesfilm vorziehen. Und der typische Protagonist solcher Filme ist weder der Prototyp eines Bodybilders noch ein Spargeltarzan. Er ist weder ein aufgedunsener Fettsack noch ein abgemagertes Gerippe, und auch kein Mister

Universum oder eine halbe Portion. Vielmehr hat er aus allen Kategorien etwas, allerdings ohne in Extreme zu verfallen.

Die Quintessenz bei den reinen Äußerlichkeiten ist also folgende: Versuche Extreme zu vermeiden oder gar zu polarisieren. Gewöhnlich löst Du hiermit tendenziell eher eine Abwehrhaltung bei deinem weiblichen Gegenüber aus.
Vergegenwärtige dir, dass deine äußerlich wahrnehmbare Erscheinung (Kleidung und Körperbau) eine durchaus nicht zu unterschätzende Rolle spielt.

Hierzu zählt selbstverständlich auch die allgemeine Körperpflege, deren Beachtung hier vorausgesetzt wird. Schließlich kann man jederzeit in eine unvorhergesehene Flirtsituation geraten, und ein solcher soll ja nicht deswegen scheitern, weil du „heute Morgen so spät dran warst, dass du keine Zeit mehr zum Duschen hattest", oder du „eigentlich ja schon vor drei Wochen zum Frisör gehen wolltest".

Mach dir also ruhig den einen oder anderen Gedanken darüber, wie deine äußere Erscheinung auf andere wirkt, aber mach dich nicht zum Affen, indem du übertreibst.

Wenn Du an dieser Stelle verstanden hast, dass es darum geht, konsistent zu wirken, wirst Du das weibliche Test-Screening erfolgreich bestehen. Und nur dann wirst Du die Möglichkeit haben, die später dargelegten Gesprächstipps und -taktiken anzuwenden!

Gesprächsbereitschaft durch Körpersignale bekunden

Ein weiterer wichtiger Punkt, der dein äußeres Erscheinungsbild betrifft, ist die Art und Weise, wie du auftrittst.
Ohne auch nur ein Wort gesprochen zu haben, interpretiert eine Person, die dich wahrnimmt, nicht nur die soeben besprochenen Äußerlichkeiten, sondern auch deine körperlichen Signale. Intuitiv wird sie bemerken, ob du nach außen Gesprächsbereitschaft

oder Ablehnung signalisierst. Körpersignale dieser Art spiegeln ziemlich genau deinen Gefühlszustand wider. Bahnt sich ein Flirt an, kommt es häufig zu einer Stresssituation. Und genau diese Anspannung drückt sich dann in unseren Körpersignalen aus. Eigentlich freuen wir uns auf unsere neue Bekanntschaft und wollen ihr locker und ungezwungen gegenübertreten. Tatsächlich steigt aber der Blutdruck und eine gewisse Unsicherheit macht sich breit. Schließlich passen sich unsere Körpersignale der inneren Zerrissenheit an. Doch nicht erst in einer solchen Stresssituation ist es wichtig, seine eigene körperliche Erscheinungsweise zu beobachten und gegebenenfalls zu korrigieren.

Generell sollte man sich bewusst sein, welche lautlosen Barrieren falsches Auftreten nach sich ziehen kann. Insbesondere beim nächtlichen Treiben beobachtet man immer wieder Personen, die sich mit starrer Körperstellung, verschlossenem Gesichtsausdruck und verschränkten Armen präsentieren. Solche Personen wirken angespannt und unerreichbar. Auf Grund ihres mangelnden Körperbewusstseins wird niemand auf die Idee kommen, mit ihnen einen Flirt anzuzetteln, unabhängig vom Geschlecht. Gedankenlosigkeit und mangelndes Wissen veranlasst solche Spaßbremsen, den ganzen Abend wie angewurzelt an einem Punkt zu verweilen und sich abwechselnd am Getränkeglas und der Zigarette festzuhalten. Oder es wird mit dem mitgebrachten Kumpel den ganzen Abend eine angestrengte Unterhaltung geführt, was ebenfalls zur Isolation führt.
Interessanterweise sind es gerade diese trüben Tassen, die sich hinterher am lautesten darüber beklagen, dass sie beim Ausgehen mit niemand Fremden in Kontakt kommen.
Umgekehrt kann eine offene, entspannte Ausstrahlung die Bereitschaft zum Flirten signalisieren. Es stellt sich also die Frage, wie wir es erreichen können, generell durch unsere Körpersignale Gesprächsbereitschaft zu bekunden.

Beginnen wir mit der Körperhaltung: Versuche möglichst gerade, mit zurückgezogenen Schultern zu stehen. Eine kerzengerade

Haltung wirkt hingegen starr und abweisend, ein buckliger Rücken und nach vorne gezogene Schultern signalisieren eine Verteidigungshaltung.
Vermeide in dieser Phase das Anlehnen an irgendwelchen Gegenständen.
Der Kopf sollte waagerecht im Nacken ruhen, so dass eine geradlinige Blickrichtung gegeben ist. Lass deine Arme locker an der Seite hängen.
Verschränke weder Arme noch Füße.
Halte wenn möglich mit beiden Beinen den Kontakt zum Boden und wippe nicht.
Da du nicht salutieren musst, öffne deine Beine ein wenig.
Eine solche offene Grundhaltung sollte auch beim Gehen und Sitzen eingesetzt werden, d. h., Arme und Beine sollten keinesfalls verschränkt sein.

Deine Mimik sollte auf keinen Fall starr und eingefroren wirken. Versuche freundlich dreinzuschauen. Insbesondere in Stresssituationen neigen wir der Tendenz nach zu einem eher griesgrämigen Gesichtsausdruck. Da gerade eine freundliche Miene ein wichtiger Faktor bei der Sympathiegewinnung ist, solltest du diesem Aspekt besondere Beachtung schenken.

Wenn du diese wenigen Punkte beachtest, wirken deine Körpersignale einladend auf potentielle Flirtpartner. An dieser Stelle schaffst du somit die Grundlage für den eigentlichen Flirt. Insofern sind die hier gewonnenen Erkenntnisse von entscheidender Bedeutung für das weitere Gelingen.

Reflektiere und verinnerliche deshalb die Grundlagen der Körpersignale!

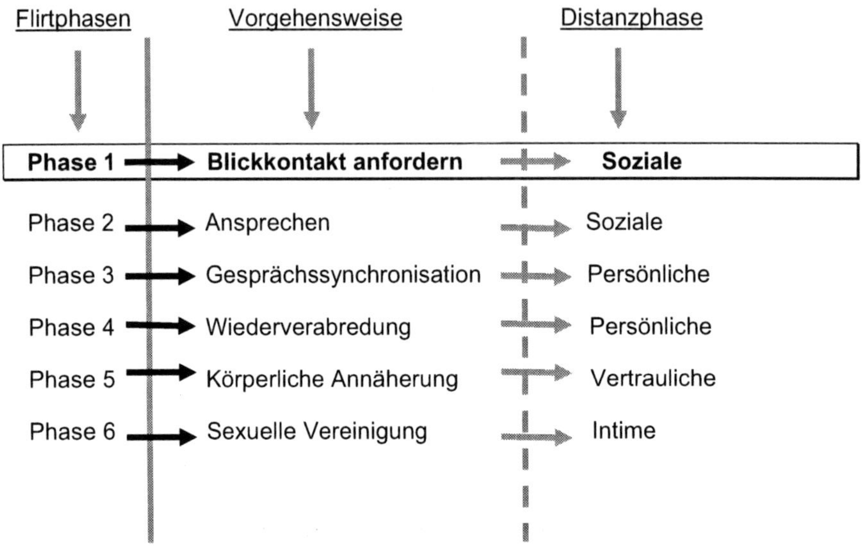

Flirtphasen
Vorgehensweise
Distanzphase
Phase 1
Blickkontakt anfordern
Soziale
Phase 2
Ansprechen
Soziale
Phase 3
Gesprächssynchronisation
Persönliche
Phase 4
Wiederverabredung
Persönliche
Phase 5
Körperliche Annäherung
Vertrauliche
Phase 6
Sexuelle Vereinigung
Intime

Phase 1: Blickkontakt anfordern

Die meisten Menschen haben folgende Situation sicher schon einmal miterleben dürfen: Man befindet sich an einem beliebigen Ort und sieht es eigentlich überhaupt nicht auf einem Flirt ab. Plötzlich kreuzt sich dein Blick für einige scheinbar unendliche Sekunden mit den Blicken einer unbekannten Frau. Du fühlst dich wie vom Blitz getroffen - du merkst, wie plötzlich dein Herz schneller anfängt zu schlagen und dein Blutdruck ansteigt. Verschämt blickst Du zu Boden, um nach einigen Sekunden erneut nach ihr zu schauen. Du errötest leicht. Und auch die sonstige Umwelt nimmst Du nicht mehr wahr, du bist voll und ganz fixiert auf deine neue Blickbekanntschaft.

So in etwa spielt sich der Idealfall des ungewollten Blickkontaktes ab. Stellst Du Dich in dieser Konstellation nicht zu blöd an, wirst du schon am nächsten Tag bemerken, dass dein Verhüterli-Vorrat in der letzten Nacht deutlich geschrumpft ist.

Wir wollen hier aber gerade nicht vom Idealfall ausgehen. Schließlich kann es sein, dass du auf diese Situation Jahre warten musst. Oder schlimmer, sie tritt nie ein! Das ganze Geld für die Überzieher wäre umsonst ausgegeben, schließlich halten die ja nicht ewig...:-)

Ziel des Buches ist dir beizubringen, aggressiv zu flirten - und die erste und wichtigste Flirttechnik zwischen Mann und Frau ist der Blickkontakt. Nach wie vor gilt: Ein gekonnter Blickkontakt ist und bleibt der beste Weg zur Kontaktaufnahme.

Auch ist die verbale Kontaktaufnahme um ein Vielfaches einfacher, wenn du zunächst über den Weg des Blickkontaktes Interesse bei deinem Gegenüber weckst.

Was du mit Sicherheit nicht weißt: Unser Blickverhalten in Flirtsituationen ist weitestgehend standardisiert. Und, was für dich von entscheidender Bedeutung ist, du kannst einen Blickkontakt von der gewünschten Person anfordern, oder, überspitzt ausgedrückt, erzwingen. Insofern kannst du, wenn du die stets gleich bleibenden Abläufe des Blickkontaktes verstanden hast und beherrschst, manipulativ auf dein Gegenüber einwirken.

Doch was passiert nun genau, wenn ein Flirt durch einen Blickkontakt initiiert wird, beziehungsweise wie musst du vorgehen, wenn Du hiermit einen Flirt auslösen möchtest?

1. Versuche zufällig ihren Blick zu streifen.
Starre deine Auserwählte auf keinen Fall penetrant an in der Hoffnung, dass sie dich irgendwann bemerkt und den Blickkontakt erwidert. Hiermit erreichst du genau das Gegenteil. Dein Gegenüber wird sich in ihrer Intimsphäre verletzt fühlen und eine ablehnende Haltung einnehmen. Beobachte dein Gegenüber lieber dezent aus dem Augenwinkel. Wenn sich die Gelegenheit bietet, versuche ihren Blick zu streifen.

2. Der erste Blickkontakt darf nicht länger als drei Sekunden dauern.
Ein in diesem Zusammenhang getätigter Blickkontakt soll deinem Gegenüber eine Botschaft vermitteln, nämlich: „Hey, Du interessierst mich!“ Den Transport dieser Botschaft erreichen wir durch eine bestimmte Blickkontakt-Dauer. Schaust du jemanden recht kurz an (circa eine Sekunde), signalisierst du deinem Gegenüber lediglich freundliche Neutralität - nicht mehr und nicht weniger. Dauert der erste Blickkontakt mehr als vier Sekunden, fühlt sich die Frau unter Druck gesetzt. In diesem Fall wird sie sich ablehnend verhalten. Die exakte Zeitdauer, wenn sie auf Blickfang gehen, liegt zwischen diesen beiden Varianten bei ca. drei Sekunden. Der Blickkontakt ist also nur geringfügig länger als übliche Blicke, die lediglich Gleichgültigkeit suggerieren sollen. Ein längeres Taxieren wird hingegen schnell als unangenehmes Anglotzen

empfunden. Fällt es dir schwer, die Zeitdauer abzuschätzen, zähle notfalls im Geiste mit (21,...22, ...23). Deine Mimik sollte an dieser Stelle entspannt wirken, beim ersten Blickkontakt solltest du aber noch nicht lächeln. Breche nach den drei Sekunden den Blickkontakt ab, indem du abrupt wegschaust, wobei du deinen Blick ein wenig Richtung Boden absenkst.

3. Versuche weitere dreimal ihren Blick zu streifen.
Verkürze diese Anzahl nur dann, wenn es die Situation absolut nicht zulässt. Achte weiterhin darauf, dass der Anschein des zufälligen Zusammentreffens eurer Blicke gewahrt bleibt. Bei jedem erneuten Zusammentreffen eurer Blicke kannst Du die Dauer des Blickes geringfügig erhöhen, maximal aber auf vier Sekunden. Auch hier gilt: Starre sie auf keinen Fall an!

Wenn bis zu diesem Punkt dein Gegenüber mitgespielt hat, weißt Du, dass dein Gegenüber ebenfalls an dir interessiert ist.
Verweigert die Frau den Blickkontakt, hat sie keine Lust mit dir zu flirten - warum auch immer. Breche das Spiel an dieser Stelle ab und orientiere dich anderweitig.

Hat es funktioniert, ist es nun an der Zeit, die Situation zu konkretisieren und eine weitere Botschaft zu transportieren, nämlich: „Du gefällst mir!“. Dieses erreichst Du mit einem charmanten, nicht übertriebenen Lächeln. Lächeln wirkt ansteckend und animierend. Du verringerst die zwischen euch bestehende Distanz und forderst dein Gegenüber zur Distanzminderung auf. Du musst nun zunächst ihre Reaktion abwarten.

Sollte dein Lächeln innerhalb von fünf Sekunden nicht erwidert werden, wende deinen Blick ab. Du kannst nach einiger Zeit einen zweiten Versuch unternehmen. Führt auch dieser zu keinem Erfolg, beende ebenfalls dieses Schema.

Lächelt sie stattdessen ebenfalls zurück, ist das Eis definitiv gebrochen. Lächel in diesem Fall freundlich, aber nicht gekünstelt weiter. Unterstreiche deine Freude über ihre Reaktion mit einem leichten Nicken deines Kopfes.

Nun gilt es deine neue Bekanntschaft nicht mehr aus den Augen zu verlieren und die nächste Phase des Flirts anzugehen, die verbale Kontaktaufnahme.

Flirtphasen	Vorgehensweise	Distanzphase
Phase 1	Blickkontakt anfordern	Soziale
Phase 2	**Ansprechen**	**Soziale**
Phase 3	Gesprächssynchronisation	Persönliche
Phase 4	Wiederverabredung	Persönliche
Phase 5	Körperliche Annäherung	Vertrauliche
Phase 6	Sexuelle Vereinigung	Intime

Phase 2:
Das Ansprechen

Wir kommen nun zum schwierigsten Punkt bei der Kontaktanbahnung: dem Ansprechen. Genau diese Situation stellt für viele Flirtwillige ein scheinbar unüberwindbares Hindernis dar.
Dabei ist es im sonstigen privaten Alltag nichts Ungewöhnliches und Problematisches, auf fremde Menschen zuzugehen. Ohne Hemmungen erkundigt man sich bei jemand völlig Unbekannten nach dem Weg oder der Uhrzeit. Auch in der Bahn oder gar im Restaurant ist es sonst kein Problem nachzufragen, ob der Sitzplatz frei ist.
Doch nun ist alles anders. Den halben Abend zerbricht man sich den Kopf darüber, was man denn nun als Einstiegssatz bringen soll. Schließlich schafft man es doch nicht die eigene Feigheit zu überwinden, eine potentielle Flirtchance bleibt wiederum ungenutzt.

Im Hinterkopf sollten wir bei allen Überlegungen folgenden Aspekt stets berücksichtigen: Es ist nicht entscheidend, wie du jemanden ansprichst, sondern dass du überhaupt ein Gespräch beginnst! Betrachte das Ansprechen lediglich als kurze Floskel oder Phrase, die es dir überhaupt erst ermöglicht, mit jemanden in Kontakt zu treten. Solche Gesprächseröffnungen sind ähnlich einem Schlüssel, der es dir ermöglicht, die Tür zu deiner Flirtpartnerin zu öffnen. Der Schlüssel hat in unzähligen anderen, scheinbar unverfänglicheren Situationen einwandfrei funktioniert, warum sollte er jetzt versagen?

Suchst du auch schon länger nach dem ultimativen Aufreißspruch? Ist es vielleicht ein frecher Spruch wie:
„Hast Du 15 Minuten Zeit und 20 cm Platz?"
Wie wäre es mit einer schwülstigen Variante:
„Du kommst mir sehr bekannt vor. Könnte es sein, dass Du die Frau aus meinen Träumen bist?"

Oder:
„Ich muss ein Lichtschalter sein. Jedes Mal, wenn ich dich sehe, machst du mich an!"?

Alle vermeintlich todsicheren Baggersprüche sind in dieser Art gestrickt.
Entweder sind sie vollkommen überzogen hochtrabend oder haben einen anzüglichen Charakter. Kurzum wirken sie schlichtweg gekünstelt. Welche Frau will mit solch einem Quatsch im wahrsten Sinne des Wortes blöd von der Seite angemacht werden?

In aller Regel reagieren Frauen auf solche vermeintlich originellen Sprüche abweisend.
Viele Frauen reagieren gar auf alles, was sich auch nur entfernt nach einem Aufrissspruch anhört, geradezu allergisch.

Auch wenn ich oben ausgeführt habe, dass es ziemlich egal ist, wie man eine Frau anspricht: Sprüche dieser Art kann man nur als Fauxpas bezeichnen. Die Vermutung, dass Du solche Sprüche quasi routinemäßig anwendest, ist ja auch ziemlich nahe liegend. Da sich eine Frau selbst regelmäßig als Mittelpunkt der Erde betrachtet, erwartet sie von dir, dass du keinen Nullachtfünfzehn-Spruch bringst.

Die Kunst des Flirtens besteht darin, sein Gegenüber locker und ungezwungen anzusprechen. Frauen lieben zwanglose Unterhaltungen. Sei so normal, wie du nur kannst. Die ersten Worte müssen weder besonders originell noch witzig sein!

Als Grundvoraussetzung sollte deine Einleitung immer so gewählt werden, dass Du es deinem Gegenüber praktisch unmöglich machst, nicht oder ablehnend zu antworten. Das erreichen wir zum einen durch eine kurze Begrüßung, zum anderen durch eine enthaltene Frage.

Das erste Wort bei einer Konversation dieser Art sollte immer aus einer kurzen Begrüßung bestehen. Mit einem kurzem „Hallo“, „Hey“, „Hi“ oder dergleichen teilst Du deinem Gegenüber nicht nur höflich mit, dass Du nun ein Gespräch beginnen möchtest. Vielmehr zwingst du dein Gegenüber mit dir in einen Dialog einzutreten, da es in unserem Kulturkreis Usus ist, eine Begrüßung zu erwidern. Selbst wenn sie dir im ungünstigsten Fall nur mit einem kurzen „Hallo“ antwortet - du hast es geschafft, ihr die ersten Worte zu entlocken, sie in ein Gespräch einzubeziehen, das sie vielleicht gar nicht wollte.
Die Grundlage für einen fruchtbaren Dialog sind gelegt.

Diesen Effekt kannst Du durch den Einbau einer Frage verstärken. Wir werden uns später genauer mit dem rhetorischen Stilmittel der Fragetechniken befassen. Zunächst ist es ausreichend, wenn dir die Unterscheidung zwischen geschlossener und offener Frage bekannt ist.

Geschlossene Fragen sind Fragen, die üblicherweise mit „ja“ oder „nein“ oder mit einem bestimmten Begriff beantwortet werden können. Beispiel:
Du: „Hi, geile Musik heute abend, nicht wahr?“
Sie: „Ja!“

Offene Fragen sind Informations- und Meinungsfragen. Die Richtung der Antwort wird kaum vorgegeben. Der Befragte ist somit gezwungen, seine Antwort selbständig zu formulieren. Beispiel:
Du: „Auf was für Musik stehst Du denn genau?“
Sie: „Eigentlich stehe ich ja mehr auf House. Aber hin und wieder ...“

Mit einer geschlossenen Frage solltest Du deine Begrüßung beginnen. Es geht zunächst darum, dein Gegenüber in den Dialog einzubinden. Ein kurzes „ja“ oder „nein“ ist hierfür zunächst völlig ausreichend und überfordert dein Gegenüber nicht. Erst im nächsten Schritt ist es angebracht eine offene Frage zu stellen.

Du hast nun die Möglichkeit, dein Gegenüber in ein Gespräch zu verwickeln, ohne dass es sich überrumpelt fühlt.

Doch wie kannst du es inhaltlich bewerkstelligen, in jeder erdenklichen Situation den entsprechenden Wunschkandidaten aggressiv anzusprechen?

Wir werden im Folgenden drei Strategien mit jeweils unterschiedlichem Schwierigkeitsgrad erarbeiten. Bei der schwierigeren Variante nimmst du irgendeinen Aspekt, der mit der Person zusammenhängt oder sich aus der Situation ergibt als Aufhänger. Wenn irgendwie möglich solltest Du die situations- oder personenbezogene Variante wählen.
Solltest Du aus der konkreten Situation partout keinen Anlass ableiten können, werde ich dir für den Notfall exemplarisch einige Universal-Gesprächseröffnungen beibringen (keine starren Sprüche!), die du individuell verpacken kannst.

Situatives Flirten
Während du sonstige Gemeinsamkeiten erst im Verlauf des weiteren Gespräches herausfinden kannst, hast du beim situativen Flirten die Möglichkeit, ein Thema anzusprechen, zu dem ihr beide einen Bezug habt. Irgendeine Gemeinsamkeit gibt es immer. Die Tatsache, dass du dich mit deiner Flirtpartnerin am selben Ort aufhältst, bildet eure erste definitive Gemeinsamkeit. Wobei sich diese Vorgehensweise nicht nur bei den typischen Abendveranstaltungen anbietet. Natürlich drängt es sich geradezu auf, bei einem Konzert oder in der Diskothek beispielsweise auf die Musik oder die Location Bezug zu nehmen. Bei einer privaten Feier ist euer erstes Bindeglied der gemeinsame Gastgeber. Es ist ein Leichtes, bei der Gesprächseröffnung diese Verknüpfung als Aufhänger zu nutzen. Aber auch für sonstige alltägliche Situationen, die du im Laufe eines jeden Tages durchläufst, eignet sich diese Variante hervorragend. Denke beispielsweise an zwangsläufige Wartezeiten, z. B. an der Kasse im Supermarkt, der Post oder beliebigen Behörden.

Oder ein Fahrscheinautomat funktioniert nicht richtig beziehungsweise man weiß ihn nicht genau zu bedienen, du siehst, wie jemand etwas verliert oder vergisst, oder du wirst nach der Uhrzeit gefragt. Hier ist es einfach die Situation als Aufhänger zu nutzen und dein Gegenüber geschickt in ein Gespräch zu verwickeln. Du hast hier die Möglichkeit, scheinbar unverfänglich eine Unterhaltung anzuzetteln, die einen gewollten Flirt eigentlich gar nicht vermuten lässt.

Ein Beispiel: Nehmen wir an, du bist gerade im Supermarkt und wartest in der Schlange vor der Kasse. Natürlich hast du dir die Kasse ausgesucht, deren Schlange sich am langsamsten auflöst. Gelangweilt drehst du dich um. Direkt hinter dir steht nun wieder diese süße „Sie", deren hübscher Popo dir schon in der Süßwarenabteilung aufgefallen war, als sie sich nach dieser besonders schokoladigen Schokoladensorte bückte. Doch nicht nur ihre Schokoladenseite gefällt dir. Du nutzt die Gelegenheit, um Blickkontakt aufzunehmen. Als du dich wieder wegdrehst, wird dir klar, dass du die Wartezeit zum Baggern nutzen willst. Nach einigen Augenblicken drehst du dich wieder um, schaust sie an und sagst irgendetwas, das mit der Situation zu tun hat. Auf keinen Fall solltest Du über die Situation nörgeln. Besser ist eine humorvolle Variante, z. B.:
Du: „Hi, vielleicht sollten wir demnächst alle einfach weniger einkaufen, dann dauert das hier an den Kassen auch nicht so lange, oder?!".
Sie: „Ja, es animiert nicht gerade zum Einkaufen."
Du: „Hoffentlich taut deine Pizza nicht komplett auf!"
Nun stehen dir alle Möglichkeiten offen, mit etwas Geschick wirst du es sicherlich schaffen, sie zum Italiener zu einer frischen Pizza einzuladen.

Wie du siehst, geht es hierbei lediglich um das Aufgreifen von Banalitäten. Scheinbar noch so profane Situationen lassen sich als Ansatzpunkt für ein Gespräch aufgreifen.

Sofort ist eine gemeinsame Gesprächsbasis hergestellt, dein Gegenüber kann mitreden. Auch scheinbar schwierige Situationen, in denen eine Frau oftmals bei normalen Flirtsprüchen abweisend reagieren würde, lassen sich so in den Griff bekommen.

Würdest Du im obigen Beispiel die Frau an der Supermarktkasse beispielsweise mit „Hi, ich bin der Christian, ich würde dich gerne kennen lernen“ ansprechen, würde sich so manche Frau überrumpelt fühlen.
Es ist in unseren Breitengraden nicht sozial üblich, an einem solchen Ort jemanden mit durchschaubarer Flirtabsicht anzusprechen.

Mit der situationsbezogenen Variante hast du mit etwas Übung die Möglichkeit zu fast jedem beliebigen Ort und Zeitpunkt ein Gespräch zu provozieren.

Personenbezogenes Flirten
Eine weitere Möglichkeit, ein Mädchen anzusprechen, besteht darin, einen Bezug zu ihrem äußeren Erscheinungsbild herzustellen. Gemeint sind hiermit Attribute, die auf ihren Körper oder ihre Kleidung gemünzt sind.

Als erstes wird dir natürlich ihre sexy Figur auffallen, und gerne würdest du hierauf anspielen.
Zwei Fettnäpfchen lauern bei dieser Option
. Zum einen solltest du grundsätzlich keine Merkmale thematisieren, die dich sexuell reizen. Auch wenn deine Auserwählte noch so griffige Titten oder noch so einen geilen Arsch hat, sag es ihr besser nicht - und schon gar nicht in dieser Wortwahl. Frauen reagieren allergisch, wenn man sie zum bloßen Sexualobjekt degradiert. Erfreue dich ruhig an ihren ausgeprägten Rundungen, aber halte besser den Mund zu diesem Thema. Auch bei abgemilderten Formulierungen wie „Du hast aber einen süßen Popo“ wirst du wahrscheinlich niemals Gelegenheit haben, ihren Popo genauer zu begutachten.

Zum anderen besteht die Gefahr, dass deine Auserwählte genau dieses Körperteil selbst alles andere als attraktiv findet. Frauen sind oftmals notorisch unzufrieden mit ihrer Figur insgesamt, zumindest ist aber jede felsenfest davon überzeugt, irgendwelche Problemzonen zu haben. Hierbei besteht die Gefahr in ein Wespennest zu stoßen. Klammere diese Thematik somit besser sowohl zu Beginn wie auch im weiteren Verlauf des Gespräches aus.
Sicherer ist es, unverfänglichere Ansatzpunkte zu wählen, die nicht direkt mit dem Körper zusammenhängen. Bekleidung, Schmuck, Accessoires, Tätowierungen oder ein Piercing eignen sich hervorragend zum Gesprächseinstieg - insbesondere wenn man von der Materie ein wenig Ahnung hat, z. B. weil man selbst tätowiert ist. Auch Attribute, die lediglich Ausdruck besonderer Pflegekunst sind, wie z. B. Haare, Fingernägel oder makellose Bräune, sind als Themeneinstieg möglich.

Universal-Gesprächseröffnungen

Für den Fall, dass ihre Rundungen bewirken, dass du nicht mehr klar nachdenken kannst und dir weder etwas zu der Situation noch zu ihrer Person einfällt, das jedenfalls nicht sexistisch gefärbt ist, kannst du immer noch auf Universal-Gesprächseröffnungen zurückgreifen.

Im einfachsten Fall stellst du dich einfach kurz und knapp vor: „Hi, ich bin der Stefan!“ Einen Satz dieser Art wirst du doch wohl immer zu Stande bringen können, auch wenn ihr Dekolleté noch so aufreizend ist.
Da diese Eröffnung für sich gesehen ein wenig kümmerlich ist, erkläre ihr auch noch kurz, warum du sie eigentlich ansprichst: „Hi, ich bin der Stefan! Ich würde dich gerne kennen lernen!“. Nun kannst du von deiner nicht sehr originellen Anmache ablenken, indem du sie in das Gespräch mit einbeziehst: „Darf ich dich fragen, wie du heißt?“ wäre beispielsweise eine solche Variante. Vielleicht schaffst Du es ja auch jetzt auf die Situation einzugehen, am besten mit einer geschlossenen Frage: „Bist du zum

ersten Mal auf diesem Festival?". Angenommen, sie antwortet kurz und schmerzlos mit „Ja!", kannst du nun mit einer offenen Frage nachhaken: „Ich bin seit drei Jahren jeden Sommer hier! Da bin ich ja mal gespannt auf deine Meinung als Neuling. Und, bist du begeistert?" Und schon hast du sie in ein Gespräch hineingezogen, obwohl der Einstiegssatz alles andere als originell war.

Das Muster bei der allgemein gehaltenen Gesprächseröffnung ist also ziemlich simpel. Zunächst stellst du dich kurz deinem Gegenüber vor. Danach erklärst du ihr sofort, warum du dich ihr überhaupt vorstellst. Ist das Eis gebrochen, sollte es dir nun einfacher fallen, sie in ein Gespräch zu verwickeln.

Flirtphasen	Vorgehensweise	Distanzphase	
Phase 1	Blickkontakt anfordern	Soziale	✓
Phase 2	Ansprechen	Soziale	✓
Phase 3	**Gesprächssynchronisation**	**Persönliche**	
Phase 4	Wiederverabredung	Persönliche	
Phase 5	Körperliche Annäherung	Vertrauliche	
Phase 6	Sexuelle Vereinigung	Intime	

Phase 3: Gesprächssynchronisation

Sicherlich wirst du folgende Situation schon einmal erlebt haben: Du hast eine neue Person kennen gelernt. Sofort versteht ihr euch prächtig, ihr unterhaltet euch angeregt über einen längeren Zeitraum. Am Ende des Gespräches hast du das Gefühl, sehr vertraut mit der Person zu sein. Es erscheint dir, als würdet ihr euch schon Ewigkeiten kennen. De facto kennt ihr euch erst seit dem heutigen Tag.

Zweifellos wirst du auch schon einmal die gegenteilige Erfahrung gemacht haben. Nach einer herzlichen Begrüßung führt ihr über einige Minuten eine durchaus interessante Konversation. Doch relativ schnell treten unangenehme Gesprächspausen auf. Plötzlich gerät die Unterhaltung vollends ins Stocken. Ihr habt euch anscheinend nichts mehr zu sagen. Obwohl dir die Angespanntheit der Situation bewusst ist, will dir partout kein Thema mehr einfallen, das du ansprechen könntest. Es herrscht Funkstille. Frustriert versuchst du dich aus der Affäre zu ziehen.

Hast du es geschafft, das Eis zu brechen und ist dein Gegenüber langsam aufgetaut, darfst du eines im Verlauf des Gespräches niemals entstehen lassen: Schweigen!
Es ist deine Aufgabe, das Gespräch am Laufen zu halten. Du musst deiner Flirtpartnerin das Gefühl vermitteln, dass ihr euch unbefangen unterhaltet. Kurzum: Du hast gewonnen, wenn sie dich sympathisch findet. Du erreichst dieses, indem du ihr das Gefühl vermittelst, ihre emotionalen Bedürfnisse befriedigen zu können.
Jeder Mensch sehnt sich nach Zuwendung, Aufmerksamkeit, Mitgefühl und dem Teilen gemeinsamer Interessen. Wenn Du es schaffst, das Gespräch so zu lenken, dass ihr euch ungezwungen und offen über unterschiedlichste Themen unterhaltet, erzeugst du bei ihr das Gefühl von Vertrautheit. Deinem Gegenüber wird es Freude bereiten, sich mit dir zu unterhalten. Längere

Pausen hingegen werden als negative Kommunikationsunterbrechung erlebt.
Erweckst Du den Eindruck, dass ihr euch schon nach einigen Minuten nichts mehr zu sagen habt, warum sollte sie dann überhaupt etwas mit dir anfangen wollen? Niemand umgibt sich gerne mit Langweilern, Frauen erst recht nicht! Sie lieben es hingegen locker und unbeschwert, gerne auch etwas oberflächlich, zu plaudern.

Die Grundvoraussetzung einer solchen Unterhaltung ist die gleichmäßige Verteilung von Gesprächsanteilen.
Führe das Gespräch stets so, dass du und deine Gesprächspartnerin ungefähr zu gleichen Teilen das Wort habt. Es geht um ein ausgewogenes Verhältnis von ständigem Agieren und Reagieren, auf eine Aktion des einen erfolgt eine Reaktion des anderen. So entsteht eine ausgeglichene Interaktion. Minimale Pausen hingegen sind ein ausgezeichnetes rhetorisches Stilmittel. Dieses gilt zum einen, wenn du selbst mehrere Sätze hintereinander sprichst. Du machst es so deinem Gegenüber einfacher, den von dir geschilderten Sachverhalt zu erfassen. Zum anderen solltest du aber auch, wenn du deinem Gegenüber antworten oder ein neues Thema anschneiden möchtest, minimal pausieren. Schließlich befindest du dich nicht in einem Streitgespräch, wo du möglichst schnell einhaken willst, damit dein Gegenüber nicht noch mehr Argumente gegen dich liefern kann. Vielleicht hat dein Gegenüber ja noch etwas zu diesem Thema auf dem Herzen und braucht nur selbst eine kurze Verschnaufpause.

Vermeide es ferner deine Gesprächspartnerin bewusst zu unterbrechen. Schon gar nicht, wenn sie auf eine von dir initiierte Frage antwortet. Solch ein Fauxpas kann dein Gegenüber zur Weißglut treiben, insbesondere wenn du diese Respektlosigkeit mehrfach im Laufe des Abends abziehst.
Ein Beispiel:
Sie: „Bald ist ja endlich wieder Ferienzeit! Sommer, Sonne, Strand und vor allem Party!“

Du: „Ich freue mich auch schon tierisch darauf! Wo hast du denn letzen Sommer, Sonne, Strand und vor allem Party gehabt?"
Sie: „Ich war auf Mallorca! Ich bin mit meiner besten" - weiter kommt sie nicht, weil du dazwischenquarkst: „Ich war schon dreimal auf Mallorca, auch letztes Jahr. Ich fahre ja immer..." Und dann hältst du einen völlig unpassenden Monolog über deine tollen Urlaubsstories. Dein Gegenüber wird sich gelinde gesagt verarscht vorkommen.
Warte lieber, bis sie ihre Geschichte erzählt hat, und bringe dann pointiert deine Anmerkungen, etwa:
Du: „Weißt du was, ich war letztes Jahr auch auf Mallorca!"
Das Gespräch bleibt so lebendig und interessant.

Dein Interesse am laufenden Gespräch kannst Du auch durch kurze Einschübe bekunden.
Einerseits durch kurze Laute wie etwa „aha", „ja" oder ein durch entsprechende Betonung zustimmend formuliertes „mhh". Andererseits aber auch durch kurze Kommentare wie etwa „Das ist ja interessant!" oder „ist ja nicht zu glauben". Gefühlsäußerungen dieser Art haben ferner einen ermunternden Charakter. Sie sollten aber stets von auf den Sachverhalt bezogenen Fragen flankiert werden. Das gilt auch für Kurzfragen, die lediglich aus einem Fragewort bestehen, wie zum Beispiel „wieso", „warum" oder „weshalb". Hierdurch zeigst du deiner Gesprächspartnerin, wie unglaublich interessant du ihre Ausführungen findest.

Gleiches gilt, wenn sie ein Thema anspricht, von dem du absolut keine Ahnung hast. Versuche in diesem Fall erst gar nicht vorzuspielen, dass du mitreden könntest. Bekunde stattdessen durch weitere Nachfragen dein Interesse.

Deine Sitzposition sollte offen und dem Mädchen zugedreht sein. Arme und Beine sollten keinesfalls verschränkt sein. Gesten wie etwa ein zustimmendes Kopfnicken bekräftigen ebenfalls dein Interesse am Dialog. Lasse dir alles ausführlichst erläutern, auch wenn dich ihre Themen einen Scheißdreck interessieren. Über

Fußball oder Formel-1 kannst du dich ja jederzeit mit deinen Kollegen unterhalten. Selbst wenn sie objektiv Unsinn erzählt - lasse sie gewähren. Schließlich willst du doch nicht den Eindruck eines besserwissenden Rechthabers erwecken?
Setze dem Ganzen die Krone auf, indem du hin und wieder, bevor du weiter nachfragst, ihre Aussagen kurz zusammenfasst und resümierst.

Bereits im vorigen Kapitel habe ich dir den Unterschied zwischen offenen und geschlossenen Fragen erläutert. Wie zuvor dargestellt, sollten geschlossene Fragen (Fragen, die sich mit „ja" oder „nein" oder nur einem Wort beantworten lassen) ausschließlich direkt bei der Gesprächseröffnung verwendet werden.
Hast du das Ansprechen gemeistert, solltest du ausschließlich offene Fragen formulieren, die zu ausgiebigen Erläuterungen anregen. Insbesondere, wenn deine Frage mit einem Fragewort beginnt, lädst du deine Flirtpartnerin zu weitschweifenden Erklärungen ein.

Grundsätzlich kannst du natürlich jedes Thema zur Diskussion freigeben. Achte nur darauf, dass deine Flirtpartnerin bei dem Thema mitreden kann und dass du keine negativen Emotionen bei ihr mit deinen Ausführungen auslöst.

Vermeide grundsätzlich alles, was Missverständnisse oder Kränkungen hervorrufen kann. Verkneife dir sowohl tief schürfende und strittige Themen, wie auch intime Details. Das Epos über deinen letzten Bänderriss solltest du dir also beispielsweise sparen.

Du kannst auf verbaler wie auf körpersprachlicher Ebene feststellen, ob du ein Reizthema angesprochen hast. Verhält sich dein Gegenüber plötzlich wie ein stummer Fisch, obwohl sie gerade eben noch begeistert mitgeredet hat, verschränkt sie ihre Arme und vermeidet den Blickkontakt - wechsel sofort dezent das Thema.

Generell gibt es nur wenige Tabuthemen, die du in einer Flirtsituation überhaupt nicht ansprechen solltest. Hierzu gehören:
- Ex-Beziehungen
- Politik
- Sport (Selbst Großereignisse wie Olympia oder die Fußball-WM solltest du lieber ausklammern, geschweige denn die aktuelle Bundesliga.)
- Deine finanziellen Verhältnisse
- Krankengeschichten aller Art
- Sex (spare dir deine Phantasien, Wünsche und vor allem Anzüglichkeiten lieber für später auf)

Natürlich kannst du auch versehentlich ein Tabuthema ansprechen.
Es gibt Themen, die auf Grund persönlicher Erfahrungen für einen selbst negativ belegt sind, so dass man deshalb nicht gerne darüber reden möchte.
Normalerweise wird es zum Beispiel kein Problem darstellen, sie nach ihrer Ausbildung oder ihrem Beruf zu fragen. Ist sie aber gerade sitzengeblieben oder ist ihr gekündigt worden, wirst du einen wunden Punkt ansprechen, über den sie verständlicherweise nicht mit dir reden möchte.

Auch der Einsatz von Witzen sollte wohl bedacht werden.
Gemeint ist hierbei nicht der spontaner Humor, der sich im Rahmen der Interaktion ergibt, sondern insbesondere auswendig gelernte Witze. Die meisten Witze leben von dem Diskreditieren bestimmter Gruppen oder Themen. Genauso wie bei den zuvor besprochenen Tabuthemen läufst du hier Gefahr, dich ungewollt ins Abseits zu manövrieren, wenn es in dem Witz zufällig um eine Gruppe oder ein Thema geht, das für sie tabuisiert ist.
Dass man sich Witze mit frauenfeindlichen Tendenzen (insbesondere Blondinenwitze) schenken sollte, erwähne ich nur der Vollständigkeit halber.
Unterlasse auch das generelle Schlechtmachen ganzer Gruppierungen. Beschimpfst du zum Beispiel sämtliche Beamte als faule

Säcke, und ihr Papi ist zufällig verbeamtet, sammelst du dicke Minuspunkte.
Gleiches gilt beim Lustigmachen über Einzelpersonen nach dem Motto „Wie sieht Der oder Die denn aus“.
Wie es der Zufall so will, kennt sie ausgerechnet den Paradiesvogel, auf dessen Kosten du dich lustig machst. Oder bei ihr kommt über deine Anspielung, dass die Person gegenüber ausschaut wie ein „Marzipanschweinchen“, deswegen keine Freude auf, weil beispielsweise ihre Schwester oder ihre beste Freundin eine ähnlich „vollschlanke“ Figur hat.
Geschickter ist es also, wenn du dich generell zurückhältst beim Lästern über andere, egal ob es sich um Gruppierungen oder Einzelpersonen handelt.

Natürlich ist es bei einem Flirt begründet und sinnvoll, sich selbst in einem möglichst guten Licht darzustellen. Allerdings gibt es keine Notwendigkeit für Profilneurosen. Wenn Frauen eines nicht mögen, sind es selbstverliebte Angeber! Übertreibe also nicht maßlos. Typischerweise nehmen Männer an, durch das überzogene Hervorheben eigener Qualitäten beim Mädchen unendliche Ehrfurcht und tiefen Respekt zu erzeugen. Aus diesem Grund betonen Männer nur zu gerne beispielsweise ihre beruflichen und sportlichen Leistungen, ihre Trinkfestigkeit oder die große Zahl ihrer Frauenbekanntschaften. Wer wird schon jemanden, der beruflich so ein toller Hecht ist wie du und so viel Geld auf seinem Bankkonto hat, widerstehen können? Deine Flirtpartnerin bestimmt! Zwar mögen Frauen ein gewisses selbstbewusstes Auftreten. Übertreibst du aber deine Selbstdarstellung in der Form, dass es einem pfauenhaften Gebaren gleichkommt, wird die Frau dein Auftreten als unsympathisch empfinden. Verzichte also besser auf Angebereien jeglicher Art. Wirklich nachhaltig kannst du dein Gegenüber nur durch taktisch geschicktes und gleichsam sympathisches Tiefstapeln beeindrucken. Kleckern statt klotzen lautet die Devise! Nehmen wir mal an, du wirst nach deinem Beruf gefragt. Du hast dich vor einiger Zeit mit einer Werbeagentur selbstständig gemacht. Nun könntest du natürlich lospoltern: „Ich bin Inhaber einer Werbeagentur mit zwei Mitarbeitern und soundsoviel Euro Umsatz im Jahr!". Viel mehr als ein verschüchtertes „Oh, toll" wirst du durch solch ein Imponiergehabe nicht erreichen können. Wenn du stattdessen kurz und bündig erklärst: „Ich bin im Werbebereich tätig", wird sich mit Sicherheit ein interessantes Gespräch über deine berufliche Tätigkeit entwickeln.

Höre genau zu, was dein Gegenüber inhaltlich sagt, und präge es dir ein.
Eigentlich ist es unverzeihlich, wenn dir beispielsweise deine Gesprächspartnerin erzählt, dass sie Auszubildende im Einzelhandel ist und du zehn Minuten später fragst, ob sie noch zur Schule geht oder schon arbeitet.
Gleiches gilt auch für den Namen. Stellt sich deine neue Bekanntschaft zu Beginn des Gespräches namentlich vor, hämmere dir ihren Namen in deinen Schädel. Notfalls benutze irgendwelche Eselsbrücken, stelle zum Beispiel einen Bezug zu einer Person her, die du kennst und die denselben Namen trägt. Nichts ist peinlicher als wenn du später nachfragen musst: „Du, wie war doch gleich dein Name?" Du blamierst dich mit dieser Frage bis auf die Knochen!

Stimme
Bisher haben wir uns mit der Frage beschäftigt, was du inhaltlich bei einem Gespräch beachten solltest, um bei deiner Flirtpartnerin Sympathie zu erzeugen.
Doch es ist nicht nur entscheidend, *was* du sagst, sondern auch, *wie* du es mit Hilfe deiner Stimme verpackst.
Parallel zu der Bedeutung unserer Sprache senden wir unserem Gesprächsempfänger durch die Art und Weise, wie wir sprechen, eine Botschaft, die, richtig eingesetzt, wesentlich zur Sympathiegewinnung beitragen kann. Deutlich wird dieser Aspekt, wenn wir eine Person zunächst lediglich am Telefon kennen lernen. Wir kategorisieren einen Menschen, ohne ihn jemals gesehen zu haben. Durch die Sprechweise empfinden wir ihn als nervös und hektisch oder ruhig, geduldig und somit souverän. Wir stufen ihn

aufgrund der Stimmmodulation als interessant oder langweilig, warmherzig oder abweisend, ja vielleicht sogar erotisch ein. Es stellt sich also die Frage, was du beachten musst, wenn du deine Stimme gezielt zur Unterstützung bei der Kontaktanbahnung einsetzen willst.

Sprechweise

Oftmals nehmen wir eine Flirtsituation als Stresssituation wahr. Die Angst, sich falsch zu verhalten, wirkt sich schließlich auch auf die Qualität unserer Sprache aus. Wir sprechen lauter, höher, schneller und verhaspeln uns leicht. An dieser Stelle musst du versuchen einen Gang herunterzuschalten. Die Stimmbänder sitzen im Kehlkopf. Sie werden durch die Atemluft zum Schwingen gebracht, ähnlich einem Luftballon, wenn langsam die Luft entweicht. Lautstärke, Tonhöhen, Sprechtempo und Deutlichkeit stehen direkt in Abhängigkeit von dem zur Verfügung stehenden Luftstrom. Deine gesamte Sprache klingt abgehackt und disharmonisch, wenn du mit der in den kurzen Einatmungspausen gewonnenen Luft nicht ökonomisch umgehst. Konzentriere dich deshalb zunächst auf deine Atmung. Die Atmung sollte ruhig und gleichmäßig aus dem Bauch heraus erfolgen. Versuche gezielt das Sprechtempo zu verringern. Pausiere am Ende eines jeden Satzes einen kurzen Augenblick.
Versuche die Lautstärke der Situation anzupassen: Sprich so laut, dass dein Gegenüber keinerlei Probleme hat, dich zu verstehen. Sprichst du dauerhaft zu leise, wirkst du schwach und unsicher. Sprichst du dauerhaft zu laut, wirst du leicht als dominante und aggressive Person wahrgenommen. Vermeide es zu nuscheln und undeutlich zu sprechen.
Die Stimmhöhe ist tendenziell vorgegeben. Sie hängt von biologischen Faktoren ab und lässt sich nur innerhalb der vorgegebenen Bandbreite variieren. Kurze Stimmbänder erzeugen eine hohe Stimme, lange Stimmbänder eine tiefe. Grundsätzlich gelten tiefe, resonanzreiche Stimmen als erotisch. Wenn du eine eher hohe Stimme hast, solltest du dich bemühen, möglichst langsam zu sprechen. Hierdurch kannst du die Stimmhöhe etwas

absenken. Zu hohe Stimmen werden oft als schrill, piepsig und unmännlich wahrgenommen.

Stimmmodulation
Mit Hilfe unserer Stimmmodulation, also dem Heben und Senken der Stimme, verleihen wir dem Gesagten eine gewisse emotionale Färbung.
Schreibe ich zum Beispiel den Satz „Ich liebe dich“ auf ein Blatt Papier, hat der Leser außer der sachlichen Information keinerlei Interpretationsspielraum. Spreche ich diesen Satz, habe ich die Möglichkeit, durch entsprechende Betonung die Aussage komplett zu verändern, wie es die jeweilige Situation erfordert:
Ich liebe dich! - Wer denn wohl sonst außer ich?
Ich liebe dich? - Das glaubst du doch selbst nicht.
Ich *liebe* dich! - Da kannst du dir absolut sicher sein.
Ich *liebe* dich? - Nie im Leben.
Ich liebe *dich*! - Und keinen anderen.
Ich liebe *dich*? - Nein, dich bestimmt nicht.

Bei einem Flirt kann der gezielte Einsatz der Sprachmelodie dazu beitragen, dass der entscheidende Funke überspringt.
Überlege dir also stets, wie der Inhalt deiner Aussage durch entsprechende Melodie und Betonung verstärkt werden kann.
Stelle dir vor, du sprichst eine Frau folgendermaßen an:
„Hallo, ich bin der Stefan, ich würde dich gerne kennen lernen.“
Als Botschaft möchtest Du neben der inhaltlichen Aussage Folgendes vermitteln: Hey, ich finde dich interessant und möchte mich gerne mit dir unterhalten. Durch eine passende Betonung kannst du nun diesen Inhalt mitsenden: Ziehe das „Hallo“ leicht in die Länge, und gehe bei der zweiten Silbe mit deiner Stimme etwas nach oben. Deinen eigenen Namen solltest du möglichst gar nicht betonen. Senke bei der letzten Silbe deines Namens die Stimme leicht ab. Möglichst intensiv solltest du das Signalwort „kennen lernen“ hervorheben, was du durch eine kräftige Betonung und durch das Heben der Stimme erreichen kannst.

Selbstverständlich sollte das Ganze nicht gekünstelt, überbetont oder gar affig wirken. Eine überzeugende Wirkung kann aber nur dann erreicht werden, wenn die Informationen der Inhaltsebene mit den Informationen der Beziehungsebene übereinstimmen. Eine monotone Stimmführung wirkt anstrengend und antriebsschwach. Versuche deshalb auch im weiteren Verlaufe des Gesprächs deine Sprachmelodie zu variieren. Hebe und senke deine Stimme aktiv, und betone jene Wörter, die für die Gesprächsführung wesentlich sind.

Exkurs: Das Guter-Freund-Syndrom

Flirten bedeutet auch, deine Auserwählte zu bezirzen. Den Hof machst du ihr insbesondere dadurch, dass du dich von deiner Schokoladenseite präsentierst. Du bist charmant, witzig, hilfsbereit und diplomatisch, kurzum everybody's Darling.

Doch ist jemand, der dem Prototyp eines optimalen Schwiegersohns gleichkommt, die Art von Mann, von der sich Frauen bereitwillig verführen lassen?

Nun, es gibt eine ganze Reihe von Männern, die ungewollt in sexueller Enthaltsamkeit leben, aber trotzdem einen ziemlich großen weiblichen Freundeskreis haben.
Ursprünglich waren sie auf jedes einzelne dieser Mädchen scharf und wollten mit ihr in die Kiste. Statt der gewollten Affäre hat Frau allerdings nur eine redeintensive Freundschaft zugelassen.

Vielleicht kommt dir folgendes Beispiel bekannt vor:
Seit längerer Zeit versuchst du eine mehr oder weniger gute Bekannte von dir zu begeistern. Schon öfters hat sie deine Hilfsbereitschaft gerne in Anspruch genommen. Egal ob Umzug, Rohrbruch oder Autopanne - stets warst du zur Stelle, wenn es brenzlig wurde. "Da könnte mehr draus werden", denkst du dir. Du vereinbarst also ein klassisches Date. Zunächst geht ihr in ein schickes Restaurant, danach ins Kino, und schließlich führst du sie in ihre Lieblingsdiskothek aus. Natürlich bezahlst du alles. Nachdem du sie nach Hause gefahren hast, lädt sie dich auf einen Abschiedstee in ihrer Wohnung ein. Schließlich kommt doch Alkohol ins Spiel. Du witterst deine Chance und beschließt zudringlich zu werden. Sie blockt allerdings ab und schickt den entwürdigendsten Korb hinterher, den sich ein Mann beim Flirt mit einer Frau vorstellen kann: "Du bist wirklich nett. Aber..."

"Du bist wirklich nett. Aber..."

Mit diesem Satz hat sie dich verbal kastriert.

Von nun an weißt du, das du in ihren Augen nicht als begehrenswerter Mann, sondern als asexuell wahrgenommen wirst. Du weißt, dass sich sämtliche sexuellen Phantasien, die du in sie hineinprojiziert hast, niemals erfüllen werden.

Der nachfolgenden Satz, der stets mit "aber" eingeleitet wird, verschlimmert den Schmerz nur zusätzlich.
Nachdem sie dich eiskalt abserviert hat, erklärt sie dir nun in aller Ausführlichkeit, wie toll, lieb und nett sie dich findet. Nur eben nicht attraktiv. Und deshalb will sie dich waaaaahnsinnig gerne als guten Freund behalten. Und weil du so nett bist, willigst du ein, statt jeglichen Kontakt sofort abzubrechen und ihr zu sagen, dass es für den teuren Abend wohl das mindeste wäre, die Beine breitzumachen. Du bist halt ein netter Typ.

Diesen Korb aller Körbe kannst du natürlich unabhängig davon, wie lange du eine Frau bereits kennst, kassieren. Doch um dieses Schicksal zu vermeiden, ist es entscheidend zu verstehen, warum die grundsätzlich positive Bewertung "nett" zum ablehnenden "nett, aber nur zum Quatschen" degradiert wird. Die Entscheidung hierüber fällt die Frau recht bald nach dem Kennenlernen.

Ansatzpunkt ist also der Augenblick, an dem Mann und Frau Bekanntschaft schließen. Wir müssen an dieser Stelle voraussetzen, dass bei der Frau zumindest eine gewisse Grundsympathie besteht. Zu diesem Zeitpunkt denkt sich die Frau: "Hey, der Typ ist ja ganz nett." Und das gedachte "Nett" meint sie auch tatsächlich so. Völlig wertfrei und ohne jeden Hintergedanken.

Gehen wir nun davon aus, dass der Mann mit dem Mädchen aufs Heftigste zu flirten beginnt.

Nun gibt es zwei Möglichkeiten:

Entweder führt das Umwerben des Mannes dazu, dass sich das Mädchen in den Mann verguckt. Eine gewisse Euphorie bis hin zur Verliebtheit macht sich bei ihr breit. Der optimale Ausgangspunkt für eine Affäre. Das Wort "nett" wird ihr bezogen auf deine Person nicht mehr über die Lippen kommen. Wenn sie sich mit Freundinnen über dich unterhält, wird sie dich als "süß" und "geil" beschreiben.

Bei der zweiten Variante nimmt das Mädchen das Umgarnen des Mannes ab einem gewissen Punkt nicht mehr als Flirten wahr. Für sie spielst du von nun an die Rolle einer guten Freundin, die zufällig in einem männlichen Körper steckt. Ein netter Typ, mit dem sie Pferde stehlen kann, aber fürs Bett nicht zu gebrauchen. Dafür aber fürs Schleppen von Wasserkästen und Reparieren des Autos. Mindestens einen Schlappschwanz dieser Art gibt es im Leben jeder Frau. Die Frau beruhigt es im Hintergrund, über eine Person zu verfügen, die sich vor allem durch absolute Hilfsbereitschaft auszeichnet. Des Öfteren hörst du Sätze von ihr wie: "Du bist die einzige Person, die mich wirklich versteht" oder "Wenn mein neuer Freund doch nur so wäre wie du ...". Mit Vorliebe ruft sie dich mitten in der Nacht an und will sich stundenlang mit dir darüber unterhalten, warum sie bei den Männern immer an die Falschen gerät. Dafür bist du gut genug. Nur ihren Spaß holt sie sich woanders. Doch warum ist das so?

Die meisten Typen, die beim Flirten zum guten Freund degradiert werden, bringen eigentlich alle Voraussetzungen mit, um bei einer Frau sexuell landen zu können.
Sie sind tageslichttauglich, stets gut drauf, charmant und gebildet.
Sie begehen allerdings einen entscheidenden Fehler: Sie sind einfach *zu nett*.
In der Frauenlogik bedeutet zu nett schlicht und ergreifend: *langweilig*. Und langweilige Männer sind automatisch sexuell reizlos.

In ihren Augen ist die Flirtsituation von nun an beendet. Ein Typ, der einer Frau durch sein Verhalten bedingungslose Akzeptanz signalisiert, macht sich selbst uninteressant.
Frauen wollen keinen Sklaven oder Diener, sondern einen Mann mit Rückgrat.

Was aber viel entscheidender ist: Frauen wollen nicht nur erobert werden. Sie wollen auch selbst erobern. Wenn du es schaffst, ihnen zu vermitteln, dass du es nicht nötig hast, ihnen nach dem Mund zu reden, da du auf dem Beziehungsmarkt begehrt bist, weckst du ihren Kampfwillen. Statt ihr permanent hinterherzudackeln, mache dich lieber ein wenig rar und lasse sie an geeigneter Stelle bewusst zappeln. Verliebte Aufmerksamkeit hingegen ist das sicherste Mittel, um eine Frau dauerhaft in die Flucht zu schlagen. Somit ist das, worauf Frauen in einer Beziehung viel Wert legen, in der Phase der Beziehungsanbahnung grundlegend falsch. Vermeide es also den Eindruck zu erwecken, dass du nur auf sie gewartet hättest.

Wie wir bis hierhin festgestellt haben, bedeutet aggressives Flirten vor allem, dass die Flirt-Aktivität in jeder Phase der Partnerwerbung von dir initiiert und gelenkt wird. Du bist derjenige, der agiert, sie reagiert lediglich. Natürlich wirst du dich ihr gegenüber charmant, witzig, hilfsbereit und diplomatisch präsentieren. Aber eben nur genau in dem Maße, wie es dir nützt. Ohne dass sie es merkt, schubst du sie so von einer Flirtphase in die nächste. Wenn du auf diese Weise permanent die Kontrolle behältst, stehen die Chancen gut, dass sie schon bald ihren Freundinnen vorschwärmt, wie "süß" und "geil" du doch bist. Und falls du sie schlecht behandeln solltest, kann sie sich ja bei einem anderen guten Freund darüber ausheulen, was für ein Scheißkerl du doch bist. Andere Schlappschwänze gibt es schließlich mehr als genug.

Körpersprache

Beim Flirt unterscheiden wir zwei Arten nonverbaler Kommunikation: zum einen die bereits oben besprochenen Körpersignale, zum anderen die Körpersprache.

Körperliche Signale bestimmen die Art und Weise, wie wir wahrgenommen werden, *unabhängig* vom gesprochenen Wort. Bemerkt dich eine potentielle Flirtpartnerin, kann sie zunächst als einzige Information über dich, neben deinen Äußerlichkeiten, lediglich deine Körpersignale wahrnehmen. Insbesondere anhand der Offenheit bzw. Geschlossenheit deiner Haltung entscheidet sich, ob dich dein Gegenüber als flirtbereit wahrnimmt. Hiermit ebnest du die Grundlage, ob es überhaupt zum Flirt kommt. Sendest du mit deinen Körpersignalen die Botschaft aus: „Lass mich in Ruhe!", wird es beispielsweise zu keinem flirttypischen Blickkontakt kommen können.

Als Körpersprache beim Flirt definieren wir nonverbales Verhalten, das *parallel* zum gesprochenen Wort erfolgt. Tatsächlich handelt es sich hierbei um eigene Sprache. Die getätigten Signale funktionieren wie Wörter und Sätze. Ein einzelnes Signal ist einem Wort vergleichbar, eine Reihe von zusammenhängenden Signalen entspricht einem Satz.

Bezogen auf einen Flirt geht es bei der Körpersprache darum, unsere gesprochene Sprache mit der Sprache unseres Körpers zu unterstützen. Körpersprache kann das, was wir äußern, entweder verstärken oder dem widersprechen.
Unproblematisch ist es, wenn diese beiden Sprachen miteinander korrespondieren. Begrüßt du eine Person mit den Worten „Hey, ich freue mich dich wiederzusehen", lächelst du, läufst auf sie zu und umarmst sie, erkennt sie anhand deiner Aussage und deiner Körpersprache, dass dein Verhalten stimmig ist. Sie wird keine Zweifel an der Ernsthaftigkeit deiner Emotionen hegen.

Doch Vorsicht! Körpersprache kann auch verräterisch sein. Langweilt dich deine Flirtpartnerin gerade mit den uninteressanten Einzelheiten ihrer letzten Shopping-Tour, und du entscheidest dich pragmatisch Interesse zu heucheln, musst du hingegen deine Körpersprache im Griff haben.
Sagst du „Das ist ja interessant“, machst aber gleichzeitig eine abwertende Handbewegung, lässt deine Blicke umherschweifen oder gähnst gar, hast du deine Körpersprache nicht unter Kontrolle.

Sind deine gesprochene Aussage und deine Körpersprache widersprüchlich, wird deiner Körpersprache mehr Bedeutung beigemessen werden als deinen gesprochenen Worten. Im Ergebnis wird sie deine unehrliche Bemerkung intuitiv durchschauen.

Wie solltest du also deine Körpersprache einsetzen, um zu erreichen, dass sie mit deinen gesprochenen Aussagen übereinstimmen beziehungsweise ihnen Nachdruck verleihen?

Gestik
Richtig dosierte Gestik kann auf nachhaltige Weise das gesprochene Wort unterstreichen. Gemeint ist hiermit nicht wildes, unkoordiniertes Herumfuchteln.
Bewegungen, die zu kraftvoll gewählt sind, vermitteln eher den Eindruck von Nervosität und Aggression.
Bewegungsarmut hingegen weckt leicht Zweifel an der gesprochenen Aussage, insbesondere in der Kombination mit verschränkten Armen.
Verschränke deine Arme weder vor der Brust noch hinter dem Rücken, hierdurch grenzt du dich von deiner Gesprächspartnerin ab und schließt sie aus.

Lasse deshalb als Ausgangsposition möglichst beide Arme locker an der Seite hängen. Maximal eine Hand sollte kurzzeitig für andere Aktivitäten (zum Beispiel ein Getränk halten, sich abstützen, Hand in die Hosentasche stecken usw.) verwendet werden.

Gemeint ist hiermit selbstverständlich auch, dass du die verbreitete Unart, Taschenbillard zu spielen, unterlassen solltest.

Gestikuliert werden sollte grundsätzlich immer im Körperbereich zwischen Hals und Bauchnabel.

Wie bereits dargelegt, sollte der Flirt eine lockere Unterhaltung ohne Ecken und Kanten sein. Entsprechend dieser Losung sollte auch deine Gestik gewählt sein:
Die Bewegungen sollten ruhig, langsam und sanft ausgeführt werden. Gebärden, die Wut, Entschlossenheit und Macht vermitteln, etwa eine geballte Faust oder ein gestreckter Zeigefinger, sollten vermieden werden.
Spiele nicht mit deinen Händen an irgendwelchen Gegenständen herum.
Öffne stattdessen deine Hände. Dem Gesprächspartner offen zugewandte Handflächen wirken positiv und einladend. Wenn du zu nervös bist, um deine Hände ruhig zu halten, kannst du auch einen alten Rhetorikerkniff anwenden: Knete in einer Hosentasche einen kleinen Gummiball. Hiermit kannst du wunderbar deine Anspannung umleiten.

Mimik
Wendest du eine ausgeprägte Mimik an, wirst du leichter anziehend wirken, als wenn du starr und versteinert dreinblickst.

Negative Gesichtsausdrücke, wie etwa das Zusammenpressen der Lippen oder das Herunterziehen der Mundwinkel, kannst du von vornherein dadurch vermeiden, dass du deinen Sympathiemultiplikator schlechthin verwendest: dein Lächeln! Lächeln und lachen ist ein eindeutiger Hinweis, dass ein ehrliches Interesse am Gesprächspartner besteht. Damit ist nicht gemeint, dass du unentwegt wie ein Honigkuchenpferd grinsen sollst. Zwar solltest du tendenziell dauerhaft eher freundlich als griesgrämig ausschauen, dein Lächeln solltest du aber insbesondere dann gezielt einsetzen, wenn es zum gesprochenen Wort passt. Auch ein permanentes Strahlen wirkt starr und unglaubwürdig.

Blickkontakt

Verschiedene wissenschaftliche Versuche konnten zweifelsfrei nachweisen, dass die Art und Weise unseres Blickverhaltens entscheidend beeinflusst, wie sympathisch wir auf unseren Gesprächspartner wirken. Je weniger Blickkontakt eine Person mit ihrem Gesprächspartner sucht und ermöglicht, desto unsympathischer wird sie als Folge von ihrem Gesprächspartner beurteilt. Während des gesamten Flirts solltest du deshalb darauf achten, Augenkontakt zu deinem Gegenüber aufrechtzuerhalten.

Ein umherschweifender Blick drückt Langeweile und Desinteresse aus.

Das gilt prinzipiell sowohl für den Zuhörer wie auch für den Sprecher, allerdings mit unterschiedlicher Intensität. Während der Erzähler immer mal wieder seinen Blick zur Seite richten wird, sieht der Zuhörer den Sprecher wesentlich häufiger an.

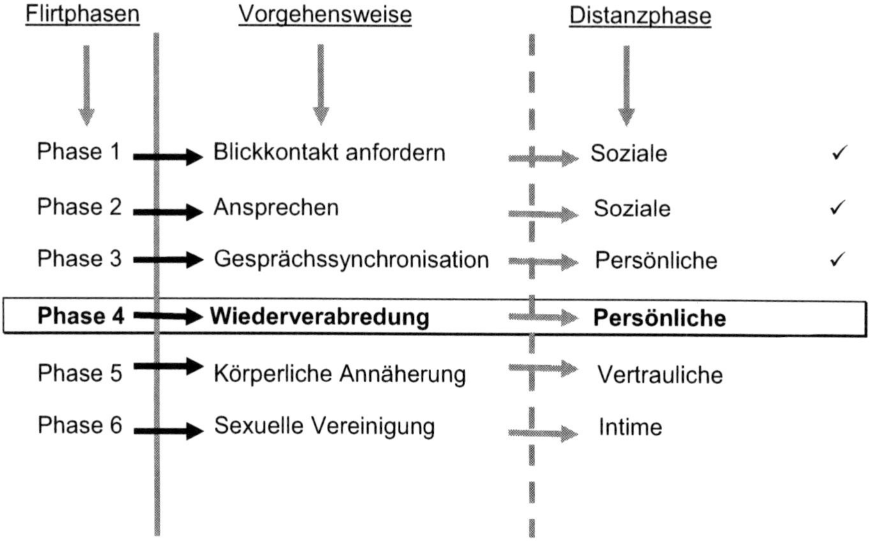
Flirtphasen
Vorgehensweise
Distanzphase
Phase 1
Blickkontakt anfordern
Soziale
✓
Phase 2
Ansprechen
Soziale
✓
Phase 3
Gesprächssynchronisation
Persönliche
✓
Phase 4
Wiederverabredung
Persönliche
Phase 5
Körperliche Annäherung
Vertrauliche
Phase 6
Sexuelle Vereinigung
Intime

Phase 4: Wiederverabredung

Vielleicht denkst du, dass es nun langsam, aber sicher an der Zeit wäre, deine Ernte einzufahren. Schließlich amüsiert sich deine neue Bekanntschaft prächtig in deiner Gegenwart. Die Unterhaltung wirkt ungezwungen und ausgewogen, ihr lacht viel und habt schon unzählige Gemeinsamkeiten festgestellt. Vielleicht ist auch schon etwas Alkohol im Spiel. Eigentlich die ideale Stimmung, um sie klar zu machen und mit nach Hause zu schleppen. Wird deine Strategie aufgehen?

Nun, es mag sein, dass diese Vorgehensweise tatsächlich funktioniert. Insbesondere, wenn bereits der Versuch der körperlichen Annäherung von ihr ausging, kannst du bereits jetzt auf die Ratschläge, die im Kapitel über den sich anbahnenden Körperkontakt beschrieben sind, zurückgreifen. Wir wollen hier aber methodisch vorgehen.

Grundsätzlich sollte ein Erstkontakt mit einer Verabredung enden - und nicht mit einem Schäferstündchen.

Oftmals wird es schon aus formalen Gründen nicht möglich sein, dass es so weit kommt. Ein nachfolgender Termin oder ungeduldige Freunde, die auf ihre Mitfahrgelegenheit warten, mögen der Grund sein.

Viele Frauen sind aber auch schlichtweg von früheren Bekanntschaften über den Tisch gezogen worden. Möglicherweise hat sie schlechte Erfahrungen damit gemacht, gleich mit jemanden in die Kiste zu steigen. Oder vielleicht hat sich der letzte Typ, den sie ähnlich sympathisch wie dich fand und von dessen Bekanntschaft sie sich mehr versprochen hatte, nie mehr gemeldet und ihr so das Herz gebrochen.

Denn grundsätzlich gehen Frauen in erster Linie auf die Piste, um den Mann ihrer Träume kennen zu lernen, und erst in zweiter Linie, um irgendwann Sex zu haben.

Bei uns Männern ist das natürlich genau andersherum. Und es wäre doch zu schade, wenn du das, was du bisher geschafft hast, durch voreilige Begattungsofferten zerstören würdest.
Pirsche dich also in langsamen Schritten an deine Beute. Du bekundest so dein ernsthaftes Interesse und gerätst gar nicht in den Verdacht, dass du nur das eine willst. Dass du es natürlich letztendlich doch willst, so weit denken Frauen glücklicherweise nicht.
Es gilt also nun das bisher Erreichte zu sichern. Schließlich sollen die Mühen des Abends nicht umsonst gewesen sein. Bei sich nächstbietender Gelegenheit wirst du an diese Erfolge anknüpfen und sie vollenden können.

Doch wie kannst du das bewerkstelligen? Grundsätzlich gibt es zwei Möglichkeiten.
Zum einen könnt ihr direkt ein Wiedersehen verabreden.
Zum zweiten kannst du versuchen, an ihre Telefonnummer zu bekommen, um spontan ein Date zu arrangieren.
Um es ganz klar zu formulieren: Ziel deiner Bemühungen muss es immer sein, ihre Telefonnummer zu bekommen! Lass dich wenn irgendwie möglich nicht auf verschwommene Dates nach dem Motto „Morgen Abend um 19:00 Uhr im Café Aufhupfer“ ein. Schafft sie oder du es aus irgendwelchen, vielleicht zufälligen, Umständen nicht euer Rendezvous wahrzunehmen, werdet ihr euch nie mehr wiedersehen. Solltet ihr euch also direkt verabreden wollen, versuche zusätzlich noch ihre Telefonnummer zu bekommen!
Ergibt sich im Laufe des Gespräches ein konkreter Anlass, der auf eine Verabredung hinausläuft (z. B. ein Kinofilm, in dem ihr beide sowieso gehen wolltet), mag eine gleichzeitige Verabredung sinnvoll sein. Grundsätzlich hat die Erfragung der Rufnummer aber einen unverbindlicheren Charakter. Da es für dein neues Herzblatt nicht notwendig ist, sich konkret festzulegen, erweckst du nicht den Anschein, sie übertölpeln zu wollen.

Doch auch das Herausbekommen der Telefonnummer will gelernt sein! Frauen sind mit der Herausgabe vorsichtig, da sie

hiermit ein Stück ihrer Privatsphäre preisgeben.
Auch hier mögen Erfahrungen mit irgendwelchen Spinnern, mit denen sie es vor dir zu tun hatte, der Grund sein. Deswegen solltest du sie auch niemals direkt nach ihrer Festnetznummer fragen. Die Schwellenangst bei der Herausgabe der Handynummer liegt deutlich niedriger. Bietet sie dir darüber hinausgehend von sich aus ihre Festnetznummer an, solltest du selbstverständlich zugreifen.

Veranstalte kein großes Prozedere, wenn Du sie nach ihrer Nummer fragst. Bringe die Frage eher nebenbei, wenn du dich freundlich von deiner neuen Bekanntschaft verabschiedest. Lasse in diesem Zusammenhang auch unbedingt (zumindest indirekt) durchblicken, dass du sie unter allen Umständen verbindlich wiedersehen möchtest.

Ein Beispiel:
Sie: Oje, jetzt wird's aber allerhöchste Eisenbahn für mich!
Du: Dann mal los, nicht dass du wegen mir noch Ärger bekommst! Wir können unseren kleinen Plausch ja mal die Tage fortsetzen. Was hältst du davon?
Sie: Na logo, würde mich freuen! Hast Du 'nen Vorschlag?
Du: Lass uns die Handynummern austauschen, dann können wir uns spontan kurzschließen!
Jetzt greifst du zu deinem Handy und wendest einen kleinen Kniff an:
Du: Sag mir doch mal deine Handy-Nummer, dann schicke ich dir eine SMS, und Du hast auch meine Nummer!

Mit diesem Trick vermeidest du einige Probleme, die beim Aufschreiben auf Blatt und Papier auftreten können. Zum einen kannst du dir die Nummer nicht falsch aufschreiben. Du kannst den Zettel auch nicht verlegen (Handys kommen ja glücklicherweise so gut wie nie abhanden), oder hast später Probleme beim Entziffern. Was aber wichtiger ist: Du kannst nicht mit einer falschen Nummer verarscht werden.

Habt ihr nur die Telefonnummern ausgetauscht, aber euch nicht direkt verabredet, ist es nachfolgend deine Aufgabe, sie anzurufen und ihr einen Vorschlag zu unterbreiten. Nur in den wenigsten Fällen wird sich die Frau selbstständig bei dir melden.
Auch wenn es dir am nächsten Tag in den Fingern juckt, zum Telefon zu greifen und ihre Nummer zu wählen: Lasse zunächst mindestens einen ganzen Tag verstreichen, an dem du dich nicht bei ihr meldest, weder fernmündlich noch per SMS. Ein früherer Kontakt wird schnell als Akt verzweifelter Torschlusspanik wahrgenommen.
Lass sie ruhig ein wenig zappeln, auch wenn es dir selbst schwer fällt. Du erzeugst so eine gespannte Erwartungshaltung bei ihr. Wenn sie dich wirklich sympathisch findet, wird sie ebenfalls deinem Anruf entgegenfiebern.
Warte aber im Umkehrschluss nicht länger als drei Tage. Du erweckst hierdurch eher den Eindruck, dass deine neue Bekanntschaft bei dir nicht eine allzu hohe Priorität geniest.
Ein weiterer Vorteil bei dem reinen Austausch der Rufnummern liegt auch darin, dass du dir nun in aller Ruhe eine geeignete Örtlichkeit für euer Rendezvous überlegen kannst.

Deine Anregung sollte auf keinen Fall eine Einladung zu dir nach Hause sein. Zunächst ist es besser, die eigenen vier Wände als Tabubezirk aufrechtzuerhalten. Wenn es gut läuft, kannst du sie später immer noch nach Hause (ab)schleppen.
Wähle also eine öffentliche Örtlichkeit, bei der ihr mit anderen Menschen zusammenkommt. Bedenke, dass es bei eurer ersten Verabredung zunächst ein wenig dauern kann, bis die Unterhaltung in Gang kommt. Hingegen könnt ihr bei einer gemeinsamen Unternehmung zumindest zunächst diese thematisieren. Eventuellen Startschwierigkeiten kannst du dadurch also aus dem Weg gehen.
Versuche wenn möglich bei der Wahl des Ortes einen Bezug zu direkt oder indirekt geäußerten Vorlieben Ihrerseits herzustellen. Sind dir aus eurem ersten Gespräch beispielsweise ihre musikalischen oder kulinarischen Interessen bekannt, kannst du nun

geschickt auf diese eingehen und Rücksicht nehmen. Hat sie dir erzählt, dass sie Diskotheken hasst, kannst du nun mit einem guten Gefühl um alle Partytempel einen großen Bogen machen. Hat sie erwähnt, dass sie es liebt, zu feinen House-Tunes abzufeiern, lade sie in einen entsprechenden Pressluftschuppen ein und mache Party mit ihr.

Trefft ihr euch zu einer Großveranstaltung, wie etwa einem Konzert oder der Disko, solltest du zunächst auf jeden Fall eine kleine Aufwärmphase in einem Café oder einer Bar arrangieren. Auch bei einem gemeinsamen Kinobesuch glänzt du nicht gerade mit Einfühlungsvermögen, wenn du als Treffpunkt die Kinokasse vorschlägst. Stelle sicher, dass euch vor und nach der Vorstellung ausreichend Zeit zum Unterhalten bleibt. Zeige, dass du Stil besitzt, und lade sie vor der Aufführung zum Beispiel in ein Café und anschließend in eine Cocktailbar ein und schaffe so die Möglichkeit für eine gepflegte Unterhaltung.
Ziel deiner Bemühungen ist es wiederum, Sympathie zu erzeugen. Greife hierzu auf die im vorigen Kapitel entwickelten Strategien zurück. Sorge dafür, dass es ihr Freude bereitet, etwas mit dir zu unternehmen. Befriedige ihre emotionalen Bedürfnisse und wecke so das Gefühl von Vertrautheit in ihr.

Selbstverständlich solltest du bei allen von dir initiierten Unternehmungen auch die damit verbundenen Kosten tragen, sei es nun Kneipe, Disco, Kino oder was auch immer. Grundsätzlich freuen sich Frauen, von einem Mann eingeladen zu werden. Um Missverständnissen und peinlichen Situationen vorzubeugen, solltest du bereits bei der Verabredung ganz klar sagen: „Ich lade Dich ein!". Natürlich gibt es auch Frauen die sich nur widerwillig einladen lassen, sei es aus emanzipatorischen Motiven oder weil sie vermeiden will, dass du die Einladung als Investition für eine heiße Nacht ansiehst.
Möchte sie unbedingt von sich aus eine Rechnung übernehmen, hindere sie nicht daran, sondern bedanke dich herzlich.

Schließlich fällt dir auch als Mann kein Zacken aus der Krone, wenn du von einer Frau eingeladen wirst.

Und gleichzeitig bietet sie dir hierdurch eine wunderbare Vorlage für weitere Aktivitäten: Schließlich kannst du die Einladung nicht auf dir sitzen lassen und musst dich unbedingt revanchieren, am besten sofort anschließend!

Flirtphasen	Vorgehensweise	Distanzphase	
Phase 1	Blickkontakt anfordern	Soziale	✓
Phase 2	Ansprechen	Soziale	✓
Phase 3	Gesprächssynchronisation	Persönliche	✓
Phase 4	Wiederverabredung	Persönliche	✓
Phase 5	**Körperliche Annäherung**	**Vertrauliche**	
Phase 6	Sexuelle Vereinigung	Intime	

Phase 5:
Körperliche Annäherung

Läuft euer Date weiterhin rund, d. h., treten keine Meinungsverschiedenheiten, Missverständnisse, Spannungen oder dergleichen auf, solltest Du langsam die Aufnahme von etwas eindeutigeren Berührungen anvisieren.
Hiermit ist natürlich noch nicht das Grapschen an Busen oder Po gemeint. Um letztendlich in diesen Genuss gelangen zu dürfen, bedarf es noch einiger Vorarbeit. Vielmehr geht es an dieser Stelle darum, den Übergang von der persönlichen Distanzphase in die vertrauliche Distanzphase zu schaffen.

Bahnt sich zwischen Mann und Frau eine Affäre an, ist das Verhalten durch Zwiespältigkeit gekennzeichnet: Auf der einen Seite sehnen sich beide nach Nähe und körperlichem Kontakt, gleichzeitig besteht aber eine angeborene Scheu vor der anderen Person. Grundvoraussetzung, um diese Ambivalenz in deinem Interesse zu durchbrechen, ist das zuvor beschriebene Gefühl von Vertrautheit im Sinne emotionaler Bedürfnisbefriedigung. Hierauf aufbauend findet eine allmähliche Distanzverringerung statt, man kommt sich im wahrsten Sinne des Wortes näher. Diese Überwindung von räumlichen Abstand muss schrittweise vollzogen werden.

Parallel hierzu erfolgt die Aufnahme körperlicher Berührungen.
Freigegeben zur Berührung sind in dieser Phase nur die Hände und daran anschließend der Taillenbereich der Frau. Händchenhalten ist unseren Breitengraden die typischste Art der Berührungsaufnahme, wenn Mann und Frau Gefallen aneinander finden.

Irgendwann musst du dich also wagen, die Hand deines Schwarmes zu ergreifen. Solltest du dich aus der Situation heraus nicht durchringen können, ihre Hand zu nehmen, kannst du auf zwei „Klassiker“ in diesem Bereich zurückgreifen.

Die erste Variante solltest du immer wählen, wenn ihr euch direkt gegenüber an einem Tisch sitzt. Hier solltest du zunächst warten, bis sie zumindest eine Hand in deine Richtung auf den Tisch legt. Dabei ist es egal, ob ihre Handfläche geöffnet oder geschlossen ist. Platziere nun deine Hand in die Richtung ihrer Hand, halte aber auf jeden Fall einige Zentimeter Abstand. Beobachte nun, ob sie ihre Hand wegzieht. Ist dies nicht der Fall, richte eine Handfläche halb nach oben. Lasse in diesem Moment deine Hand ein weiteres Stück in ihre Richtung wandern. Diese Geste ist eine eindeutige Einladung an sie, deine Hand zu ergreifen. Das Mädchen wird sofort verstehen, was du damit bezwecken willst. Besteht bei ihr auch nur ein Ansatz von Sympathie, wird sie deine Einladung nicht ausschlagen und deine Hand sanft ergreifen.

Bei der zweiten und einfacheren Möglichkeit musst du zunächst einen Spaziergang initiieren. Entweder ergibt er sich aus der Situation heraus, z. B. weil ihr die Location wechseln wollt. Oder du schlägst ihr ausdrücklich vor, einen Moment vor die Tür zu gehen. Sobald ihr losschlendert, nimmst du zärtlich ihre Hand, und zwar so, dass Handfläche zu Handfläche zeigt.

Fahre mit dem Händchenhalten so lange fort, wie es die Situation zulässt. Du gibst deinem Schwarm auf diese Weise Zeit, sich an die neu gewonnene Intimität zu gewöhnen. Erst zu einem späteren Zeitpunkt solltest du, sofern es die Situation erlaubt, deine Hand locker um ihre Hüfte legen. Hierbei musst du allerdings eine gewisse Vorsicht walten lassen, weil du ihr dabei zwangsläufig noch ein gehöriges Stück näher kommst.

Das Umschließen ihrer Taille ist meistens bereits die direkte Vorstufe zum ersten Kuss. Stelle dich hierfür direkt vor deinem Schwarm, und öffne die Lippen leicht. Halte auf keinen Fall den Mund komplett geschlossen. Nur ein leicht geöffneter Mund signalisiert den Wusch und die Bereitschaft zum Kuss. Küssen bedeutet in dieser Phase das sanfte Berühren ihrer Lippen. Unter lasse es also zu versuchen, deine Zunge in ihren Mund hineinzuschieben. Dafür ist es noch zu früh. Schließe beim Küssen die Augen. Frauen mögen es nicht, in dieser Situation angestarrt zu werden. Wenn du magst, kannst du einen oder beide Arme um ihre Schulter legen. Nach einiger Zeit kannst du auch langsam beginnen, ihren Kopfbereich zu berühren. Streichle beispielsweise sanft ihr Haar, ihre Wangen oder ihre Ohrläppchen. Beschränke dich aber weiterhin auf Taille, Rückenbereich und Kopf mit deinen Liebkosungen.

Flirtphasen	Vorgehensweise	Distanzphase	
Phase 1 →	Blickkontakt anfordern →	Soziale	✓
Phase 2 →	Ansprechen →	Soziale	✓
Phase 3 →	Gesprächssynchronisation →	Persönliche	✓
Phase 4 →	Wiederverabredung →	Persönliche	✓
Phase 5 →	Körperliche Annäherung →	Vertrauliche	✓
Phase 6 →	**Sexuelle Vereinigung →**	**Intime**	

Phase 6:
Sexuelle Vereinigung

In der Disco, Bar, Kino oder sonstigen Lokalitäten warst du also mit deiner Auserwählten. Ins Bett würdest du sie gerne bekommen. Schließlich haben dich ihre Zungenküsse neugierig gemacht, was sie mit ihrem Mund wohl noch so alles anstellen kann. Doch wann ist der optimale Zeitpunkt, zum ersten Mal mit ihr zu schlafen?

Weiter oben hatten wir bereits festgestellt, dass sich die Motivation, auf die Piste zu gehen, bei Männern und Frauen regelmäßig unterscheidet.

Frauen sind vor allem auf der Suche nach ihrem Traummann.
Diesen wollen sie zunächst kennen und am besten sogar lieben lernen, und erst danach mit ihm intim werden.
Die allermeisten Frauen haben diese Vorstellung vom langsamen, gemütlichen Kennenlernen.

Männer hingegen gehen vor allem dann auf die Piste, wenn sie sich abgeilen wollen. Erst nach der ersten heißen Nacht machen sie sich ernsthaft Gedanken darüber, ob die Gespielin wohl auch für eine längerfristige Beziehung in Frage kommt. Wenn überhaupt. Statt am nächsten Morgen das Frühstück zu servieren, machen sie sich nur allzu gerne direkt nach vollbrachter Tat aus dem Staub. Und genau davor haben die meisten Mädchen Angst.

Während es einem Mann zumindest bei akuter Geilheit ziemlich egal ist, an welcher Frau er sich befriedigt, sind beim weiblichen Geschlecht eigentlich immer Gefühle mit im Spiel.
Nur die wenigsten Frauen haben Interesse an einem flüchtigen sexuellem Abenteuer.
Willst du den Flirt in eine Affäre münden lassen, ist es deshalb wichtig, die unterschiedliche Motivation von Mann und Frau zu berücksichtigen. Taktisch sinnvoll ist es, ihr zumindest ein gewis-

ses Gefühl von Vertrautheit zu vermitteln. Andererseits wollen wir als Mann natürlich nicht unnötig warten, sondern nur gerade so lange, bis wir ziemlich sicher sein können, dass Frau uns ranlässt.

In der Praxis gibt es zwei typische Arten von männlichem Fehlverhalten: Entweder der Mann versucht unmittelbar beim ersten Treffen zudringlich zu werden. Oder er traut sich überhaupt nicht initiativ zu werden, da er sich unsicher ist, ob die Frau schon zum Sex bereit ist.
Es ist somit sicherzustellen, weder in der letzten und entscheidenen Flirtphase abgewiesen zu werden, weil man einfach zu überstürzt agiert, noch Woche für Woche mit langweiligem Händchenhalten und flüchtigen Abschiedsküssen zu verschwenden.

Im Kapitel „Wiederverabredung“ hatten wir resümiert, dass du am Tag des Kennenlernens erst gar nicht versuchen solltest, sie rumzukriegen.
Eine Ausnahme bildet nur die leider sehr seltene Variante, dass sie mit dir unbedingt in die Kiste will und selbst bei dir handgreiflich wird. Entsprechende Absichten ihrerseits wirst du natürlich unmissverständlich zu spüren bekommen.
Warte ansonsten zumindest bis zu eurem ersten Rendezvous. Läuft euer erstes Date gut und schaffst du es sie von dir zu überzeugen, bietet es sich an, genau diese Welle starker Sympathie auszunutzen. Sätze von ihr wie „wir verstehen uns so super, es kommt mir vor, als würden wir uns schon Ewigkeiten kennen, dabei sehen wir uns heute erst zum zweiten Mal“ signalisieren dir, dass die zuvor beschriebene Vertrauensbasis vorhanden ist.

Bereits an dieser Stelle nehmen Frauen die Wirklichkeit ziemlich verzerrt wahr und lassen sich leicht zu Dingen mitreißen, die eigentlich ihren Prinzipien und Vorsätzen vollkommen widersprechen.
Grundsätzlich bietet sich also schon das zweite Zusammentreffen zum „ersten Mal“ an.

Voraussetzung ist allerdings, dass ihr euch zum Zeitpunkt der anvisierten Intimität berührungstechnisch bereits in der Phase der vertraulichen Distanz befindet.
Als „Vorarbeit“ solltest du also idealerweise mit ihr bereits den einen oder anderen Kuss ausgetauscht haben. Würdest du erst kurz vor dem von dir geplanten Zeitpunkt für euer erstes Schäferstündchen mit ersten körperlichen Berührungen oder Küssen beginnen, wird es den meisten Mädchen zu schnell gehen.
Vergegenwärtige dir immer wieder, dass Frauen einen gewissen Zeitraum benötigen, um sich an die neue Situation (d. h. den Wechsel von einer Flirtphase in die nächste) zu gewöhnen. Du brauchst nicht Tage oder gar Wochen zu warten, aber zumindest einige Stunden sollten zwischen eurem ersten Kuss und deinem Beischlafversuch liegen.

Doch wo solltest du eure erste gemeinsame Nacht stattfinden lassen? Du kannst es natürlich auf eine schnelle Nummer im Auto ankommen lassen. Liegt dir etwas an dem Mädchen und willst du, dass euer Techtelmechtel von längerer Dauer ist, solltest du eine Location wählen, die es dir ermöglicht, sie ungestört und stilvoll klar zu machen. Störung und Ablenkung ist der Feind aller Verführung. Übertrieben ausgedrückt rate ich dir also in diesem Fall eher zu Kerzenschein und Rosenduft statt zu schneller Beiwohnung.

Drei Örtlichkeiten bieten sich hierzu an: Entweder ihr nehmt euch ein Hotelzimmer oder ihr geht in ihre oder in deine Wohnung.

Ein Hotelzimmer solltest du nur dann wählen, wenn ein Ausweichen in ihre oder deine Wohnung aus zwingenden Gründen scheitert. Wenn ihr zum Beispiel auf Geschäftsreise oder im Urlaub seid, ist es selbstverständlich kein Problem, wenn du sie in deine „Präsidenten-Suite“ einlädst. Ansonsten hat das Ganze aber einen ziemlich eindeutigen und verruchten Charakter. Kaum eine Frau wird Lust haben, sich wie eine Liebesdienerin in einem Stundenhotel behandeln zu lassen. Da kannst du es lieber gleich versuchen, mit ihr im Auto treiben. Wenn sie nicht mitspielt, hast du zumindest die Kohle für das Hotelzimmer gespart.

Bleibt die unangenehme Frage: "Gehen wir zu mir oder zu Dir?"
Deine Aufgabe ist es also, sie nun von der Idee zu begeistern, dich in ihre oder deine eigene vier Wänden zu begleiten.
Biete ihr erst gar keine Auswahlmöglichkeiten bezüglich der Örtlichkeit an! Ergreife selbst die Initiative und unterbreite ihr einen unverbindlich klingenden Vorschlag. Frage sie einfach, ob sie noch Lust hat, mit dir etwas zu trinken, zu essen oder einen Film zu schauen. Da du ein guter Zuhörer warst, hast du selbstverständlich „zufällig“ ihren Lieblingsfilm oder sämtliche Zutaten für ihren Lieblingscocktail vorrätig.

Frauen erwarten, dass du Sie mit einer gehörigen Prise Originalität in Versuchung führst. Und genau aus diesem Grund solltest du es vermeiden, mit in ihre Wohnung zu gehen: Du kannst nichts vorbereiten. Weder die sorgsam zubereitete Auswahl an Appetithäppchen, die den Durst auf den exakt temperierten Champagner anregen sollen, noch zum Kuscheln animierende Musik oder sonstige Aufmerksamkeiten.

Zwei weitere Punkte sollten nicht unerwähnt bleiben, warum es sinnvoller ist, sie mit zu dir zu nehmen:
Zum einen ist die Spezies Frau von Natur aus furchtbar neugierig. Wenn sie sich für deine Person interessiert, wird es ihr auch unter den Nägeln brennen zu erfahren, wo und wie du wohnst.
Zum anderen wird sie die theoretische Gewissheit beruhigen, dass sie sich im schlimmsten Fall relativ stressfrei von dir verabschieden und in ihre Wohnung flüchten kann.

Versuche, die ganze Atmosphäre so entspannt und ungezwungen wie nur irgendwie möglich zu halten. Sorge dafür, dass sich deine Liebste in deiner Gegenwart und in deinem Umfeld pudelwohl fühlt. Hierzu brauchst du in deiner Wohnung eigentlich kaum etwas zu verändern. Dass deine Bude einigermaßen aufgeräumt und gesäubert sein sollte, versteht sich eigentlich von selbst. Ebenso dass du sämtliche Fotos von Mädchen, die vom Alter her auch nur annähernd für dich in Frage kommen, in irgendeine Schublade verbannen solltest. Auch wenn es sich bei der Frau, die du im Arm hältst, tatsächlich um deine Schwester handelt oder die Kinder auf dem Bild nachweislich nicht die deinigen sind, brauchst du sie ja nicht unnötig misstrauisch machen.

Sorge dafür, dass die Wohnung angenehm (d. h. eher zu warm als zu kalt) temperiert ist. Kälte ist ein absoluter Stimmungs- und vor allem Lustkiller.

Achte auf eine warme Raumbeleuchtung.
Wähle statt greller, ungemütlicher Deckenleuchten lieber ein oder zwei kleine Lampen, die indirekt den Raum mit Licht erfüllen.
Nebenbei kaschiert indirektes, warmes Licht kleine Schönheitsfehler.
Auf Kerzen solltest du beim ersten anvisierten Sex am besten generell verzichten. Kerzen gelten prinzipiell als das Symbol für Romantik und Verführung. Und genau das macht die Sache zu offensichtlich und durchschaubar. Wenn das Mädchen denkt: „Oh nein, jetzt macht er die Kerzen an und gleich setzt er sich zu mir und versucht mich zu befummeln“, provozierst du ihre Gegenwehr.
Anders sieht es natürlich aus, wenn ihr euch zunächst an den Tisch setzt, um eine Kleinigkeit zu essen. Hier spricht nichts dagegen, zusätzlich zur normalen Raumbeleuchtung die ein oder andere Kerze anzuzünden. Ein stilvoll gedeckter Tisch wird hierdurch oftmals erst richtig in Szene gesetzt.
Für spätere Verführungen, die eventuell nach dem ersten Sex folgen, sind Kerzen natürlich ein stets gelungener Aufhänger zur Verführung. Beim ersten Mal ist die Sache aber zu transparent. Du musst davon ausgehen, dass schon einige andere Typen vor dir die Masche abgezogen haben. Viele Mädchen reagieren deshalb auf Kerzen beim ersten Beischlafversuch gelangweilt bis allergisch und fangen an rumzuzicken.

Auch wenn es um die musikalische Untermalung geht, solltest du nicht zu dick auftragen. Musik kann uns in verschiedene Stimmungen hineinversetzen und körperliche und geistige Reaktionen auslösen. Sie kann aufpeitschend, melancholisch, beruhigend usw. wirken. Auch auf dem Weg hin zur Verführung lässt sie sich unterstützend einsetzen. Doch welche Art von Musik lässt sich hierfür am besten verwenden?
Nun, die gewählte Musik sollte zum einen entspannend und beruhigend wirken. Andererseits darf sie keinen langweiligen Charakter haben, schließlich willst du ja nicht neben ihr, sondern mit ihr schlafen. Ferner sollte sie leicht verdaulich sein, d. h. so gewählt, dass man sie zwar im Hintergrund registriert, aber nicht bewusst wahrnimmt.
Klassische Musik sollte deswegen vermieden werden.
Auch bekannte Musikstücke (insbesondere mit Text) wirken eher ablenkend.
Optimal ist also eine akustische Untermalung mit keinen oder sehr wenigen Vocals. Am besten werden diese Kriterien von den Sparten „Bar“ und „Lounge“ erfüllt. Wenn dir diese Genres nichts sagen, suche im Internet bei einem der zahlreichen Buch- und CD-Händler nach diesen beiden Stichworten. Bei guter Sortierung des Händlers wirst du einige Hundert Titel aus diesem Genre finden. Texte sind kaum vorhanden, und wenn, tun sie niemanden weh. Geschwindigkeit, Rhythmus und Atmosphäre sind ideal, und die Stücke sind in der Regel ziemlich unbekannt. Auch Musik aus dem Bereich „Chill Out“ erfüllt übrigens meistens diese Kriterien. Die bekannten Kuschel- und Wuschelcompilations sollten beim ersten Rumkriegen nicht eingesetzt werden. Hier gilt dasselbe wie beim Thema Kerzen: Beim ersten Mal sind sie zu plump, aufdringlich und durchschaubar. Bei eventuell nachfolgenden Verführungen lassen sie sich jedoch, ebenso wie die Kerzennummer, wunderbar einsetzen.

Achte auf eine angenehme Lautstärke der Musik, die auch ein leiser werdendes Gespräch ermöglicht.

Und vergesse nicht deinen Player auf „Repeat all" zu stellen. Schließlich willst du doch nicht Richtung Hifi-Anlage huschen müssen, nachdem du gerade auf das Heftigste mit ihr am knutschen bist oder gar gerade ihren Busen liebkost.

Als „Startpunkt" der ersten Verführung solltest du immer das Sofa wählen. Wenn ihr es euch nicht sowieso bereits auf der Couch bequem gemacht habt, beispielsweise weil ihr einen Film geschaut habt, schlage einen dezenten Ortswechsel hierhin vor. Wenn bis zu diesem Zeitpunkt noch kein oder nicht ausreichend Alkohol im Spiel ist, bietet es sich natürlich an, etwas in der Richtung „Lass uns doch rüber auf die Couch gehen, ich schaue mal nach, welchen edlen Tropfen ich noch im Kühlschrank habe" oder dergleichen zu sagen. Schließlich hat Alkohol eine extrem enthemmende Wirkung. Je mehr dein Schwarm trinkt, um so besser für dich! Du selbst musst allerdings aufpassen, dass du nicht zu viel des Guten säufst. Zu keinem Zeitpunkt darfst du die Kontrolle über die Situation verlieren, weil du einen über den Durst getrunken hast. Ziel des Abends ist es ja nicht, dich bis zur Besinnungslosigkeit voll laufen zu lassen, das kannst du mit deinen Kumpels unkomplizierter und lustiger haben. Von Vorteil ist es natürlich, wenn du bereits ihre alkoholischen Vorlieben in Erfahrung bringen konntest. Die meisten Frauen mögen kein Bier und harte Sachen. Auf der sicheren Seite bist du auf jeden Fall mit einem guten Champagner, Sekt oder Prosecco. Ansonsten steht eigentlich jede Frau auf Cocktails aller Art. Insbesondere wenn du sie optisch ansprechend servierst (z. B. mit frischen Früchten) können Frauen nur schwer widerstehen und müssen unbedingt probieren. Netter Effekt nebenbei: Mixgetränke überlisten die Alkoholrezeptoren in der Zunge, deine Süße schluckt ein wenig mehr, als sie sich eigentlich vorgenommen hat oder zutraut.

Ein idealer Ausgangspunkt also, um langsam zudringlich zu werden. Hier gilt das Motto: Wer redet, kann nicht küssen! Auch wenn eure Unterhaltung noch so interessant ist, irgendwann

musst du einen Schnitt machen, wenn du ihr an die Wäsche willst.
Ergibt sich aus der Situation keine Gelegenheit zum Küssen, oder traust du dich einfach nicht, unterbrich eure Konversation an geeigneter Stelle. Sage beispielsweise: „OK, dann lasse uns jetzt noch einmal auf den gelungenen Abend anstoßen!". Du füllst eure Gläser auf, sagst einen kurzen Trinkspruch wie „Also, auf unseren gelungenen Abend, Prost!" oder dergleichen und lässt die Gläser klingen. Jetzt nippst du kurz an dem kühlen Nass und stellst das Glas sofort wieder weg. Deine Süße wird sich an deinem Verhalten als Gastgeber orientieren, also ebenfalls kurz an dem Getränk schlürfen und ihr Glas schließlich wegstellen.

Nun ist es also an der Zeit, deiner Auserwählten auf die Pelle zu rücken. Doch auch hier gilt der Grundsatz: Initiiere die körperliche Annäherung langsam! Orientiere dich dabei an die im Kapitel über den sich anbahnenden Körperkontakt entwickelten Distanzphasen. Der Unterschied besteht nur darin, dass du die einzelnen Phasen sozusagen im Schnellverfahren durchlaufen kannst.

Im Klartext bedeutet das: Statt direkt nach ihren Titten zu grabschen, sollte der Ausgangspunkt ihre Hand sein, erst danach kommen Arm, Schulter, Taille, Kopfbereich und schlussendlich der eigentlich interessante Rest in Betracht.

Ergreife also zunächst sanft ihre Hände, und schaue ihr tief in die Augen. Jetzt ist es an der Zeit, sie mit einem "Geständnis" deiner Empfindungen schwer zu beeindrucken.
Ein solches Eingeständnis hilft der Frau, sich ihrer Zweifel ob sie dich nun ranlassen soll oder nicht zu entledigen. Ranlassen wird sie dich nur dann, wenn du es schaffst, sie davon zu überzeugen, dass du nicht nur auf schnellen Sex aus bist, sondern wirklich etwas für ihre Person, und nicht nur für ihren Körper, empfindest. Genau diese Frage nämlich spukt die ganze Zeit in ihrem süßen Kopf herum.

Zerstreue also ihre Zweifel und gib ihr das Gefühl, dass sie für dich etwas ganz besonderes ist. An dieser Stelle darfst du auch ruhig etwas dicker auftragen. Geniere dich also nicht etwas in der Art, wie zum Beispiel "weißt du, dass ich dich unheimlich gern habe", "weißt du eigentlich, dass ich dich ganz doll lieb gewonnen habe" oder eben "weißt du, dass du für mich etwas ganz Besonderes bist?" zu sagen. Unterbewusst wird sich das Mädchen sagen: "Wenn er es selbstständig sagt, muss es einfach stimmen. Verdammt, wie konnte ich nur an seiner Redlichkeit zweifeln.“ Ihr Resümee ist natürlich Frauenlogik pur, aber das braucht dich nicht weiter zu interessieren. Fakt ist, dass du es geschafft hast, mit deinem klitzekleinen Spruch mächtig Eindruck bei ihr zu schinden. Jedenfalls ist die Wahrscheinlichkeit, dass sie nachfolgend rumzickt, minimiert.

Höchstwahrscheinlich ist ihre Herzschlagsfrequenz gerade sprunghaft angestiegen, und sicherlich bestätigt sie jetzt dein Bekenntnis, indem sie etwas in der Art wie „Ich hab dich auch ganz doll gern“ haucht.

Vielleicht ist sie so überwältigt, dass sie direkt deinen Mund anvisiert und dich küsst. Falls nicht, bewegst du dich ganz langsam auf sie zu und küsst sie zärtlich. Streichle dabei zunächst lediglich ihren Kopf- und Wangenbereich. Gehe nach einiger Zeit zu Zungenküssen über, und steigere deren Intensität stetig. Streichle sie schließlich am gesamten Körper, und intensiviere so ihre sexuelle Erregung.

Wenn Du so weit gekommen bist, hast du es geschafft. Herzlichen Glückwunsch dazu! Es ist also definitiv an der Zeit, die Früchte deiner Bemühungen zu ernten. Ob du sie nun direkt auf dem Sofa vernaschen willst oder einen dezenten Wechsel ins Schlafzimmer vorschlägst, bleibt dir überlassen.
Bedenke aber, dass der Wechsel vom Sofa in das Schlafzimmer grundsätzlich immer ein kritischer Moment ist, da der Fluss des Vorspiels unterbrochen wird.

Andererseits erleichtert es natürlich das Liebesspiel ungemein, wenn ihr nicht fortwährend darauf achten müsst vom Sofa zu kullern. Auch die Kuschelphase nach vollbrachter Ruhmestat gestaltet sich angenehmer.
Lasse also etwas Feingefühl walten, falls du einen Wechsel ins Schlafzimmer bevorzugst. Nimm sie entweder wortlos bei der Hand und führe sie langsam ins Schlafzimmer. Küsse sie auf den Weg dorthin unaufhörlich.
Oder du wählst die Hammervariante und trägst sie ins Schlafzimmer.

Sollte sie allerdings direkt auf der Couch auf die Idee kommen, dir die Hose aufzureißen und sich rittlings auf dich zu setzen, gibt es jedenfalls keinen Grund, ihr Temperament nicht an Ort und Stelle auszukosten. Der Phantasie sind nur insoweit Grenzen gesetzt, wie es dein Polsterreiniger erlaubt.

Notizen